圖解
十九屆六中全會精神

《圖解十九屆六中全會精神》編寫組　編著

前　言

　　為更生動地宣傳黨的十九屆六中全會精神、更好地服務讀者，我們延續以往用圖解版的方式宣傳黨的全會精神的慣例，邀請有關專家、學者編寫了本書。本書分八個方面，重點就《決議》總結的中國共產黨百年奮鬥四個時期的主要任務和重大成就、百年奮鬥的歷史意義、百年奮鬥的歷史經驗、新時代的中國共產黨等專題進行了深入解讀，並輔以相關圖示、圖表等，力求直觀、簡練、生動地表述相關內容，幫助讀者更好地理解和把握十九屆六中全會精神。

編者

2021 年 12 月

目　錄

■《決議》的文本結構
■《決議》的內容要點
■ 習近平關於《決議》的說明總體框架

《決議》的文本結構

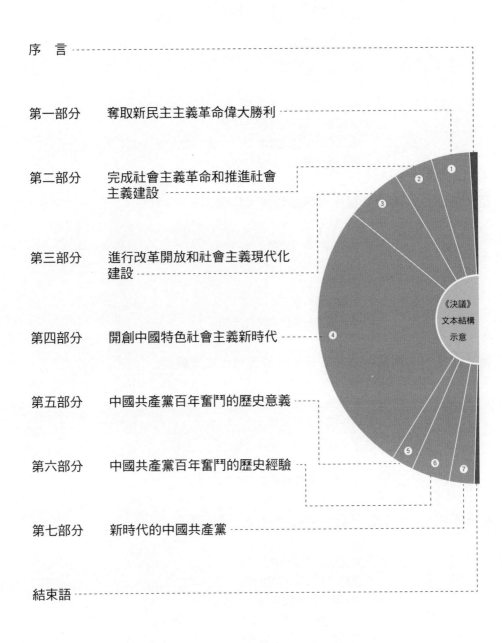

序　言

第一部分　奪取新民主主義革命偉大勝利

第二部分　完成社會主義革命和推進社會
　　　　　主義建設

第三部分　進行改革開放和社會主義現代化
　　　　　建設

第四部分　開創中國特色社會主義新時代

第五部分　中國共產黨百年奮鬥的歷史意義

第六部分　中國共產黨百年奮鬥的歷史經驗

第七部分　新時代的中國共產黨

結束語

《決議》
文本結構
示意

1
2
3
4
5
6
7

《決議》的內容要點

 約 **3.6** 萬字，分 **7** 個部分

序　言

四個方面
- 黨百年奮鬥的光輝歷程
- 黨領導人民創造的偉大成就
- 全面總結黨的百年奮鬥重大成就和歷史經驗的重大意義
- 對前兩個歷史決議的評價

第一部分 奪取新民主主義革命偉大勝利

五個方面
- 黨面臨的主要任務
- 近代中國社會的主要矛盾
- 黨的奮鬥歷程
- 毛澤東思想創立
- 黨領導人民取得的重大成就

第二部分 完成社會主義革命和推進社會主義建設

五個方面
- 黨面臨的主要任務
- 新中國的主要矛盾
- 黨的奮鬥歷程及曲折
- 毛澤東思想的發展
- 黨領導人民取得的重大成就

第三部分 進行改革開放和社會主義現代化建設

五個方面
- 黨面臨的主要任務
- 黨和國家工作中心的轉移
- 中國特色社會主義理論體系形成
- 開創改革開放和社會主義現代化建設新局面
- 黨領導人民取得的重大成就

| 第四部分 | ▶ 開創中國特色社會主義新時代 |

- 中國特色社會主義進入新時代
- 新時代是我國發展新的歷史方位
- 習近平新時代中國特色社會主義思想創立
- "兩個確立"
- 黨和國家事業取得歷史性成就、發生歷史性變革

五個
方面

| 第五部分 | ▶ 中國共產黨百年奮鬥的歷史意義 |

- 從根本上改變了中國人民的前途命運
- 開闢了實現中華民族偉大復興的正確道路
- 展示了馬克思主義的強大生命力
- 深刻影響了世界歷史進程
- 鍛造了走在時代前列的中國共產黨

五個
方面

| 第六部分 | ▶ 中國共產黨百年奮鬥的歷史經驗 |

- 堅持黨的領導
- 堅持人民至上
- 堅持理論創新
- 堅持獨立自主
- 堅持中國道路
- 堅持胸懷天下
- 堅持開拓創新
- 堅持敢於鬥爭
- 堅持統一戰線
- 堅持自我革命

十個
方面

| 第七部分 | ▶ 新時代的中國共產黨 |

- 新時代黨的戰略安排
- 新時代對全黨的基本要求
- 培養造就堪當時代重任的接班人

三個
方面

習近平關於《決議》的説明
總體框架

約 0.6 萬字，分 3 個部分

第一部分 ▶ 關於黨的十九屆六中全會議題的考慮

對《決議》起草，黨中央明確要求著重把握的幾點

- 聚焦總結黨的百年奮鬥重大成就和歷史經驗
- 突出中國特色社會主義新時代這個重點
- 對重大事件、重要會議、重要人物的評價注重同黨中央已有結論相銜接

第二部分 ▶ 決議稿起草過程

第三部分 ▶ 決議稿的基本框架和主要內容

第一講

序　言

2021 年 11 月 8 日至 11 日，中國共產黨第十九屆中央委員會第六次全體會議在北京舉行。全會由中央政治局主持，習近平總書記作了重要講話。全會聽取和討論了習近平總書記受中央政治局委託作的工作報告，審議通過了《中共中央關於黨的百年奮鬥重大成就和歷史經驗的決議》（以下簡稱《決議》），審議通過了《關於召開黨的第二十次全國代表大會的決議》。習近平總書記就《決議（討論稿）》向全會作了說明。

全會充分肯定黨的十九屆五中全會以來中央政治局的工作。一致認為，一年來，世界百年未有之大變局和新冠肺炎疫情全球大流行交織影響，外部環境更趨複雜嚴峻，國內新冠肺炎疫情防控和經濟社會發展各項任務極為繁重艱巨。中央政治局高舉中國特色社會主義偉大旗幟，堅持以馬克思列寧主義、毛澤東思想、鄧小平理論、“三個代表”重要思想、科學發展觀、習近平新時代中國特色社會主義思想為指導，全面貫徹黨的十九大和十九屆二中、三中、四中、五中全會精神，統籌國內國際兩個大局，統籌疫情防控和經濟社會發展，統籌發展和安全，堅持穩中求進工作總基調，全面貫徹新發展理念，加快構建新發展格局，經濟保持較好發展態勢，科技自立自強積極推進，改革開放不斷深化，脫貧攻堅戰如期打贏，民生保障有效改善，社會大局保持穩定，國防和軍隊現代化紮實推進，中國特色大國外交全面推進，黨史學習教育紮實有效，戰勝多種嚴重自然災害，黨和國家各項事業取得了新的重大成就。成功舉辦慶祝中國共產黨成立 100 週年系列活動，習近平總書記發表重要講話，正式宣佈全面建成小康社會，激勵全黨全國各族人民意氣風發踏上向第二個百年奮鬥目標進軍的新征程。

通過召開中央全會，全面總結黨的百年奮鬥重大成就和歷史經驗，是黨中央鄭重的歷史性、戰略性決策，充分體現了黨牢記初心使命、永葆生機活力的堅強意志和堅定決心，充分體現了黨深刻把握歷史發展規律、始終掌握黨和國家事業發展的歷史主動和使命擔當，充分體現了黨立足當下、著眼未來、注重總結和運用歷史經驗的高瞻遠矚和深謀遠慮。

在黨成立 100 週年的重要歷史時刻，在黨和人民勝利實現第一個百年奮鬥目標、全面建成小康社會，正在向著全面建成社會主義現代化強國的第二個百年奮鬥目標邁進的重大歷史關頭，全面總結黨的百年奮鬥重大成就和歷史經驗，對推動全黨進一步統一思想、統一意志、統一行動，團結帶領全國各族人民奪取新時代中國特色社會主義新的偉大勝利，具有重大現實意義和深遠歷史意義。

一、黨百年奮鬥的光輝歷程

中國共產黨自 1921 年成立以來，始終把為中國人民謀幸福、為中華民族謀復興作為自己的初心使命，始終堅持共產主義理想和社會主義信念，團結帶領全國各族人民為爭取民族獨立、人民解放和實現國家富強、人民幸福而不懈奮鬥，已經走過 100 年光輝歷程。

100 年來，黨領導人民浴血奮戰、百折不撓，創造了新民主主義革命的偉大成就；自力更生、發憤圖強，創造了社會主義革命和建設的偉大成就；解放思想、銳意進取，創造了改革開放和社會主義現代化建設的偉大成就；自信自強、守正創新，創造了新時代中國特色社會主義的偉大成就。黨和人民百年奮鬥，書寫了中華民族幾千年歷史上最恢宏的史詩。

黨領導人民創造了新民主主義革命的偉大成就，為實現中華民族偉大復興創造了根本社會條件。我們黨團結帶領中國人民，浴血奮戰、百折不撓，推翻了帝國主義、封建主義、官僚資本主義三座大山，建立了人民當家作主的中華人民共和國，實現了民族獨立、人民

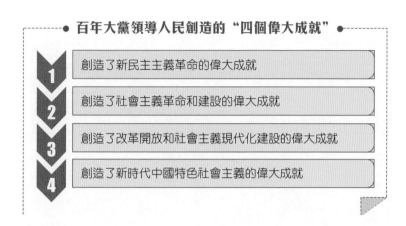

● 百年大黨領導人民創造的“四個偉大成就” ●

1 創造了新民主主義革命的偉大成就

2 創造了社會主義革命和建設的偉大成就

3 創造了改革開放和社會主義現代化建設的偉大成就

4 創造了新時代中國特色社會主義的偉大成就

解放，中國人民站起來了，中華民族任人宰割、飽受欺凌的時代一去不復返了。

黨領導人民創造了社會主義革命和建設的偉大成就，為實現中華民族偉大復興奠定了根本政治前提和制度基礎。我們黨團結帶領中國人民，自力更生、發憤圖強，進行社會主義革命，消滅剝削制度，確立社會主義基本制度，推進社會主義建設，實現了中華民族有史以來最為廣泛而深刻的社會變革，實現了一窮二白、人口眾多的東方大國大步邁進社會主義社會的偉大飛躍。

黨領導人民創造了改革開放和社會主義現代化建設的偉大成就，為實現中華民族偉大復興提供了充滿新的活力的體制保證和快速發展的物質條件。我們黨團結帶領中國人民，解放思想、銳意進取，確立黨在社會主義初級階段的基本路線，堅定不移推進改革開放，戰勝來自各方面的風險挑戰，開創、堅持、捍衛、發展中國特色社會主義，實現了從高度集中的計劃經濟體制到充滿活力的社會主義市場經濟體制、從封閉半封閉到全方位開放的歷史性轉變，實現了從生產力相對落後的狀況到經濟總量躍居世界第二的歷史性突破，實現了人民生活從溫飽不足到總體小康、奔向全面小康的歷史性跨越，中國大踏步趕上了時代。

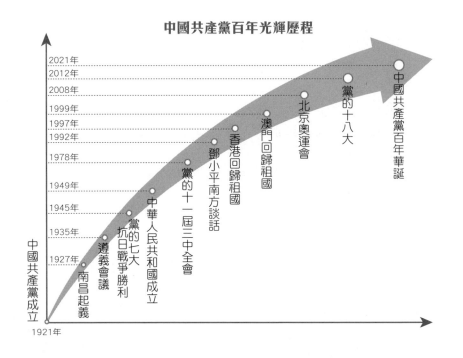

中國共產黨百年光輝歷程

　　黨領導人民創造了新時代中國特色社會主義的偉大成就，為實現中華民族偉大復興提供了更為完善的制度保證、更為堅實的物質基礎、更為主動的精神力量。黨的十八大以來，中國特色社會主義進入新時代，以習近平同志為核心的黨中央，堅持和加強黨的全面領導，堅持和完善中國特色社會主義制度、推進國家治理體系和治理能力現代化，黨和國家事業取得歷史性成就、發生歷史性變革。我們全面建成了小康社會，歷史性地解決了絕對貧困問題，實現第一個百年奮鬥目標，明確實現第二個百年奮鬥目標的戰略安排，中華民族迎來了從站起來、富起來到強起來的偉大飛躍，實現中華民族偉大復興進入了不可逆轉的歷史進程。

　　100 年來，中國共產黨團結帶領人民進行的一切奮鬥、一切犧牲、一切創造，歸結起來就是一個主題：實現中華民族偉大復興。以毛澤東同志、鄧小平同志、江澤民同志、胡錦濤同志、習近平同志為

權威聲音

習近平（中共中央總書記、國家主席、中央軍委主席）：一百年來，黨團結帶領人民在革命、建設、改革各個歷史時期持續奮鬥，創造了彪炳中華民族發展史、世界社會主義發展史、人類社會發展史的奇跡，徹底扭轉了近代以來中華民族的歷史進程，生動譜寫了世界社會主義歷史發展的壯麗篇章，成功開闢了馬克思主義新境界，為實現中華民族偉大復興建立了不朽功業，為促進人類進步作出了重大貢獻。

主要代表的中國共產黨人，把馬克思主義基本原理同中國具體實際相結合、同中華優秀傳統文化相結合，領導人民在實現中華民族偉大復興的道路上不斷取得勝利。

100 年來，中國共產黨領導人民改寫了近代以後中華民族的屈辱歷史，改變了近代以後中國人民的悲慘命運。沒有共產黨，就沒有新中國，就沒有中華民族偉大復興，這是中國人民依據中國革命、建設、改革的歷史經驗得出的最基本、最重要的結論，是中國人民基於切身體會所確認的深刻認識。中國共產黨的領導，是歷史的選擇、人民的選擇，是黨和國家的根本所在、命脈所在，是全國各族人民的利益所繫、命運所繫。這 100 年來開闢的偉大道路、創造的偉大事業、取得的偉大成就，必將載入中華民族發展史冊、人類文明發展史冊！

二、《決議》的起草、形成和通過

2021 年 3 月，以習近平同志為核心的黨中央作出歷史性、戰略性決策：中央政治局常委會、中央政治局先後召開會議決定，黨的十九屆六中全會重點研究全面總結黨的百年奮鬥重大成就和歷史經驗問題，成立文件起草組起草相關文件。2021 年 4 月 9 日，習近平總書記主持召開文件起草組第一次全體會議，文件起草工作正式啟動。習近平總書記親自擔任文件起草組組長。習近平總書記發表重要講話，為文件起草工作提供了貫穿全程的根本遵循：把方向——深刻認識文件起草工作的重大意義；提要求——科學總結黨的重大成就和歷史經驗；亮主線——準確把握黨的百年奮鬥的主題主線、主流本質；立原則——以強烈的政治責任感和歷史使命感，聚精會神搞好文件起草工作。

遵循習近平總書記的指引，聚焦總結黨的百年奮鬥重大成就和歷史經驗，突出中國特色社會主義新時代這個重點，對重大事件、重要會議、重要人物的評價注重同黨中央已有結論相銜接，文件起草工作蹄疾步穩、紮實推進。

早在 4 月 1 日，黨中央就發出通知，就全會議題在黨內外一定範圍內組織討論、廣泛徵求意見。

在黨內，從中央政治局常委會會議審議到中央政治局會議審議，從按程序下發各地區各部門徵求意見到以適當方式徵求黨內部分老同

 權威評論

王曉暉（中共中央宣傳部分管日常工作的副部長）：在建黨百年之際，黨中央召開六中全會，全面總結黨的百年奮鬥重大成就和歷史經驗，是鄭重的歷史性、戰略性決策，體現了我們黨重視和善於運用歷史規律的高度政治自覺，體現了我們黨牢記初心使命、繼往開來的自信和擔當。

志意見……文件起草各個階段，都始終凝聚著全黨智慧結晶。

在黨外，廣泛徵求各民主黨派中央、全國工商聯負責人和無黨派人士代表意見，來自各方面的真知灼見，成為貫穿文件起草全過程的重要參考。

數說《決議》的誕生

I 文件起草組第一次全體會議

2021年4月9日，習近平總書記主持召開文件起草組第一次全體會議，文件起草工作正式啟動

20,109,75.3萬

20多天，109份，75.3萬字

針對六中全會議題在黨內外一定範圍內組織討論、廣泛徵求意見，20多天內，各地區各部門各方面的109份意見匯聚而來，文件起草組整理形成75.3萬字的匯總本

1600,547,24.6%

1600餘條，547處，24.6%

各地區各部門各方面對決議徵求意見稿反饋的1600餘條意見和建議，決議稿初步增寫、改寫、精簡文字共計547處，反饋意見吸收率達24.6%

2.5,138,22

2天半，138條，22處

全會2天半的充分討論，提出修改意見138條，文件起草組根據這些意見，建議對討論稿作出22處修改

4 四大關係

針對文件起草工作，習近平總書記提出要處理好「歷史連續性和歷史階段性」「全面突出和重點突出」「總結成就和分析失誤」「已有結論和最新認識」四大關係

10 10份

2021年9月10日，各民主黨派中央、全國工商聯負責人和無黨派人士代表針對決議徵求意見稿提交10份書面材料，貢獻許多意見建議

3,3,2 3次，3次，2次

習近平總書記3次主持召開全會文件起草組全體會議，3次主持召開中央政治局常委會會議，2次主持召開中央政治局會議

3.6萬 3.6萬餘字

《決議》3.6萬餘字，高屋建瓴，意義深遠

9月10日，習近平總書記親自主持召開座談會，聽取各民主黨派中央、全國工商聯負責人和無黨派人士代表對決議徵求意見稿的意見。

根據各地區各部門各方面對決議徵求意見稿反饋的意見和建議，起草組對決議稿初步增寫、改寫、精簡文字，文件不斷精進、日益完善。

習近平總書記高度重視文件起草工作，從框架方案到送審稿，對每一稿都認真審閱修改、給出具體意見、提出明確要求，始終引領文件起草工作沿著正確方向前進。中央政治局常委、中央政治局委員同志對決議文稿認真審閱、提出許多重要的修改意見和建議。

11 月 8 日上午，黨的十九屆六中全會開幕。凝聚了全黨智慧和意志、吸收了各方面意見和建議的《決議（討論稿）》，擺在了與會同志面前。經過全會的充分討論，文件起草組根據與會同志的意見建議對討論稿作出 22 處修改。11 月 10 日晚，習近平總書記主持召開中央政治局常委會會議，聽取各組討論情況匯報，研究確定文件修改問題。11 日上午，決議修改稿再次提交小組討論，形成決議草案。與會同志一致認為，決議草案全面回顧了黨百年奮鬥的光輝歷程，凝練概括了黨的百年歷史經驗，突出了中國特色社會主義新時代這個重點，政治站位高遠、思想方法科學、內容系統全面、歷史脈絡清晰，必將激發全黨全國各族人民為實現中華民族偉大復興繼續奮鬥的強大力量。11 日下午，全會審議通過《決議》。

三、《決議》的歷史必要性

我們黨具有注重總結歷史經驗的光榮傳統。延安時期，毛澤東同志就指出："如果不把黨的歷史搞清楚，不把黨在歷史上所走的路搞清楚，便不能把事情辦得更好。"鄧小平同志也指出："歷史上成功的經驗是寶貴財富，錯誤的經驗、失敗的經驗也是寶貴財富。這樣來制定方針政策，就能統一全黨思想，達到新的團結。這樣的基礎是最可靠的。"

黨團結帶領人民在 100 年的歷程中創造了彪炳中華民族發展史、世界社會主義發展史、人類社會發展史的奇跡，生動譜寫了世界社會主義歷史發展的壯麗篇章，為實現中華民族偉大復興建立了不朽功業，成功開闢了馬克思主義新境界。在這一偉大征程中，黨和人民積累了極其豐富的寶貴歷史經驗。這些都值得系統總結。

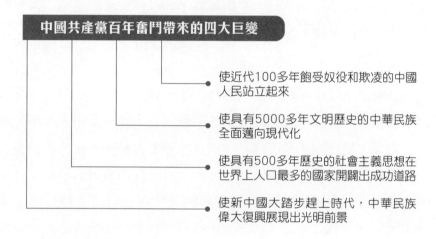

中國共產黨百年奮鬥帶來的四大巨變

- 使近代100多年飽受奴役和欺凌的中國人民站立起來
- 使具有5000多年文明歷史的中華民族全面邁向現代化
- 使具有500多年歷史的社會主義思想在世界上人口最多的國家開闢出成功道路
- 使新中國大踏步趕上時代，中華民族偉大復興展現出光明前景

（一）總結黨的百年奮鬥重大成就和歷史經驗，是在建黨百年歷史條件下開啟全面建設社會主義現代化國家新征程、在新時代堅持和發展中國特色社會主義的需要

黨的百年歷史蘊含著豐富的思想啟迪和政治智慧，為奮進新征程、建功新時代提供了豐厚滋養和強大力量。總結黨的百年奮鬥重大成就和歷史經驗，能夠教育引導全黨大力發揚紅色傳統、傳承紅色基因，賡續共產黨人精神血脈，始終保持革命者的大無畏奮鬥精神，鼓起邁進新征程、奮進新時代的精氣神；能夠教育引導全黨繼續發揚徹底的革命精神，堅持全面從嚴治黨永遠在路上，保持面對新的趕考的高度自覺和清醒，進一步以黨的偉大自我革命引領偉大社會革命，確

保我們黨在世界形勢深刻變化的歷史進程中始終走在時代前列，在應對國內外各種風險挑戰的歷史進程中始終成為全國人民的主心骨，在新時代堅持和發展中國特色社會主義的歷史進程中始終成為堅強領導核心。

（二）總結黨的百年奮鬥重大成就和歷史經驗，是增強政治意識、大局意識、核心意識、看齊意識，堅定道路自信、理論自信、制度自信、文化自信，做到堅決維護習近平同志黨中央的核心、全黨的核心地位，堅決維護黨中央權威和集中統一領導，確保全黨步調一致向前進的需要

旗幟鮮明講政治、保證黨的團結和集中統一是黨的生命，也是我們黨成為百年大黨、創造世紀偉業的關鍵所在。堅持黨中央權威和集中統一領導，是我國革命、建設、改革的重要經驗。堅持黨的領導，首先是堅持黨中央權威和集中統一領導，這是黨的領導的最高原則。黨的歷史經驗表明，凡是黨中央權威和集中統一領導堅持得好，黨的事業就興旺發達；反之，黨的事業就遭受挫折。堅決維護黨中央權威、保證全黨令行禁止，是黨和國家前途命運所繫，是全國各族人民根本利益所在。遵義會議事實上確立了毛澤東同志在黨中央和紅軍的領導地位，開始形成以毛澤東同志為核心的黨的第一代中央領導集體，在危急關頭挽救了黨、挽救了紅軍、挽救了中國革命。黨的十八大以來，黨和國家事業之所以能夠取得歷史性成就、發生歷史性變革，最根本的就是形成和確立了習近平同志黨中央的核心、全黨的核心地位，堅持了黨中央權威和集中統一領導。正因為有習近平同志作為黨中央的核心、全黨的核心領航掌舵，有全黨全國各族人民團結一心、頑強奮鬥，我們才解決了許多長期想解決而沒有解決的難題，辦成了許多過去想辦而沒有辦成的大事，戰勝了一系列重大風險挑戰，推動黨和國家事業不斷向前發展。

李鴻忠（中共中央政治局委員、天津市委書記）:《決議》高度評價了黨的十八大以來以習近平同志為核心的黨中央帶領全黨全國人民推動黨和國家事業取得的歷史性成就、發生的歷史性變革，高度評價了習近平總書記作為黨中央的核心、全黨的核心作出的卓越歷史貢獻，高度評價了習近平新時代中國特色社會主義思想的指導地位和意義。實踐證明，習近平總書記是經過歷史檢驗、實踐考驗、鬥爭歷練的當之無愧的黨的核心，是贏得全黨全國人民衷心擁護愛戴的人民領袖，是實現中華民族偉大復興的領路人。

　　堅決做到"兩個維護"，是黨的十八大以來我們黨的重大政治成果和寶貴經驗。當今世界正經歷百年未有之大變局，我國正處於實現中華民族偉大復興關鍵時期，今後我們還會遇到各種各樣的風險考驗甚至是難以想像的驚濤駭浪。越是接近目標，越是形勢複雜，越是任務艱巨，越要發揮中國共產黨領導的政治優勢和中國特色社會主義的制度優勢，越要發揮黨中央集中統一領導的定海神針作用。只有在全黨激發高度的政治自覺、堅決做到"兩個維護"，不斷提高政治判斷力、政治領悟力、政治執行力，做到黨中央提倡的堅決響應，黨中央決定的堅決執行，黨中央禁止的堅決不做，確保統一意志、統一行動、步調一致向前進，我們黨才能以新氣象新作為統攬推進偉大鬥爭、偉大工程、偉大事業、偉大夢想。只要我們堅決維護習近平同志黨中央的核心、全黨的核心地位，堅決維護黨中央權威和集中統一領導，把準政治方向，夯實政治根基，涵養政治生態，防範政治風險，永葆政治本色，把黨建設得更加堅強有力，就一定能確保我們黨始終成為中國特色社會主義事業的堅強領導核心，為實現第二個百年奮鬥

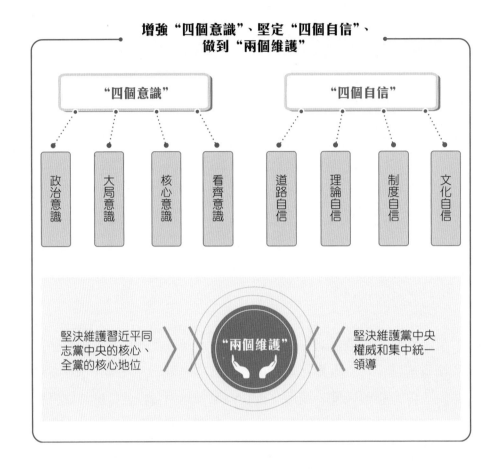

目標和中華民族偉大復興的中國夢提供堅強政治保證。

（三）總結黨的百年奮鬥重大成就和歷史經驗，是推進黨的自我革命、提高全黨鬥爭本領和應對風險挑戰能力、永葆黨的生機活力、團結帶領全國各族人民為實現中華民族偉大復興的中國夢而繼續奮鬥的需要

強大的政黨是在自我革命中鍛造出來的。勇於自我革命，是我們黨最鮮明的品格，也是我們黨最大的優勢。自我革命，是刀刃向內、刮骨療毒，需要思想上的高度自省、行動上的高度自覺。習近平總書記指出，"我們黨總是在推動社會革命的同時，勇於推動自我革命"。

全面總結黨的百年奮鬥重大成就和歷史經驗的 "三個需要"

☑ 在建黨百年歷史條件下開啟全面建設社會主義現代化國家新征程、在新時代堅持和發展中國特色社會主義的需要

☑ 增強政治意識、大局意識、核心意識、看齊意識，堅定道路自信、理論自信、制度自信、文化自信，做到堅決維護習近平同志黨中央的核心、全黨的核心地位，堅決維護黨中央權威和集中統一領導，確保全黨步調一致向前進的需要

☑ 推進黨的自我革命、提高全黨鬥爭本領和應對風險挑戰能力、永葆黨的生機活力、團結帶領全國各族人民為實現中華民族偉大復興的中國夢而繼續奮鬥的需要

回顧黨的歷史，從延安時期的 "民主新路"，到社會主義建設和改革時期持續加強黨的先進性建設和執政能力建設，再到新時代全面從嚴治黨的偉大自我革命，我們黨始終保持自我革命精神，保持承認並改正錯誤的勇氣，一次次拿起手術刀革除自身的病灶，一次次靠自己解決了自身問題。可以說，中國共產黨的偉大就在於敢於正視問題、勇於解決問題，善於自我淨化、自我完善、自我革新、自我提高，具有強大的自我修復能力。這種能力既是我們黨區別於世界上其他政黨的顯著標誌，也是我們黨長盛不衰的重要原因。

全黨要堅持唯物史觀和正確黨史觀，從黨的百年奮鬥中看清楚過去我們為什麼能夠成功、弄明白未來我們怎樣才能繼續成功，從而更加堅定、更加自覺地踐行初心使命，在新時代更好堅持和發展中國特色社會主義。

四、三個歷史決議一脈相承

《決議》指出，1945 年黨的六屆七中全會通過的《關於若干歷史問題的決議》、1981 年黨的十一屆六中全會通過的《關於建國以來黨的若干歷史問題的決議》，實事求是總結黨的重大歷史事件和重要經驗教訓，在重大歷史關頭統一了全黨思想和行動，對推進黨和人民事業發揮了重要引領作用，其基本論述和結論至今仍然適用。

1945 年，在全面抗戰進入新階段、中國人民的革命力量受到嚴峻考驗的關頭，黨的六屆七中全會通過了《關於若干歷史問題的決議》，對建黨以後特別是黨的六屆四中全會至遵義會議前這一段黨的歷史及其經驗教訓進行了系統總結，對若干重大歷史問題作出了結論，高度評價了毛澤東同志運用馬克思列寧主義基本原理解決中國革命問題的傑出貢獻，肯定了確立毛澤東同志在全黨的領導地位的重大意義，使全黨特別是黨的高級幹部對中國革命基本問題的認識達到了

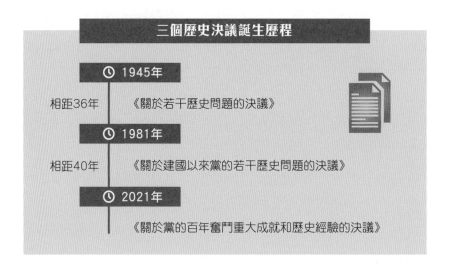

三個歷史決議誕生歷程

① 1945年
相距36年　《關於若干歷史問題的決議》

① 1981年
相距40年　《關於建國以來黨的若干歷史問題的決議》

① 2021年
《關於黨的百年奮鬥重大成就和歷史經驗的決議》

一致，增強了全黨團結，為黨的七大勝利召開創造了充分條件，有力促進了中國革命事業發展。

1981 年，黨的十一屆六中全會通過了《關於建國以來黨的若干歷史問題的決議》，回顧了新中國成立以前黨的歷史，總結了社會主義革命和建設的歷史經驗，對一些重大事件和重要人物作出了實事求是的評價，從根本上否定了“文化大革命”和“無產階級專政下繼續革命”的錯誤理論，正確評價了毛澤東同志和毛澤東思想，充分肯定毛澤東思想作為黨的指導思想的偉大意義，分清了是非，糾正了

 深閱讀

《決議》共七個部分，在內容擺佈上有兩個特點：第一個，與前兩個歷史決議主要總結黨的歷史教訓、分清歷史是非不同，這次主要總結黨的百年奮鬥重大成就和歷史經驗，重點總結新時代黨和國家事業取得的歷史性成就、發生的歷史性變革和積累的新鮮經驗。從建黨到改革開放之初，黨的歷史上的重大是非問題，前兩個歷史決議基本都解決了，其基本論述和結論至今仍然是適用的。改革開放以來，儘管黨的工作中也出現過一些問題，但總體上黨和國家事業發展是順利的，前進方向是正確的，取得的成就是舉世矚目的。《決議》把著力點放在總結黨的百年奮鬥重大成就和歷史經驗上，符合實際，有利於推動全黨增長智慧、增進團結、增加信心、增強鬥志。第二個，《決議》突出中國特色社會主義新時代這個重點，用較大篇幅總結黨的十八大以來的原創性思想、變革性實踐、突破性進展和標誌性成果。這有利於引導全黨進一步堅定信心、聚焦我們正在做的事情，以更加昂揚的姿態邁進新征程、建功新時代。

"左"、右兩方面的錯誤觀點，統一了全黨思想，對推動黨團結一致向前看、更好推進改革開放和社會主義現代化建設產生了重大影響。

前兩個歷史決議產生的歷史條件、時代背景、所要解決的問題有所不同，但都是在黨的重大歷史關頭作出的，都實事求是總結了黨的重大歷史事件和重要經驗教訓，都在重大歷史關頭統一了全黨思想和行動，都對推進黨和人民事業發揮了重要引領作用，具有重要歷史意義，其基本論述和結論至今仍然適用。

五、《決議》是綱領性文獻、政治宣言、行動指南

在我們黨成立 100 週年的重要歷史節點，黨的十九屆六中全會聚焦"從黨的百年奮鬥中看清楚過去我們為什麼能夠成功、弄明白未來我們怎樣才能繼續成功，從而更加堅定、更加自覺地踐行初心使命，在新時代更好堅持和發展中國特色社會主義"，審議通過《決議》。

在黨的百年歷史上，《決議》是第三個歷史決議。它凝聚了全黨 9500 多萬名黨員和廣大人民群眾的集體智慧和力量。

第一，《決議》是一篇光輝的馬克思主義綱領性文獻。《決議》全面總結黨的百年奮鬥重大成就和歷史經驗，是一份集政治決議、思想決議、戰略決議、行動決議於一體的馬克思主義光輝文獻，充分彰顯了以習近平同志為核心的黨中央高超的政治智慧和強烈的歷史擔當。

第二，《決議》是新時代中國共產黨人牢記初心使命、堅持和發展中國特色社會主義的政治宣言。黨的百年歷史，就是一部始終堅持真理、堅守理想，踐行初心、擔當使命的偉大奮鬥史。《決議》深刻回答了"中國共產黨為什麼能、馬克思主義為什麼行、中國特色社會

主義為什麼好",彰顯了百年大黨高度的歷史自覺和歷史自信,是一篇必將永載史冊的馬克思主義光輝篇章。

第三,《決議》是以史為鑒、開創未來,實現中華民族偉大復興的行動指南。初心易得,始終難守。以史為鑒,可以知興替。正如習近平總書記所指出的:"我們要用歷史映照現實、遠觀未來,從中國共產黨的百年奮鬥中看清楚過去我們為什麼能夠成功、弄明白未來我們怎樣才能繼續成功,從而在新的征程上更加堅定、更加自覺地牢記初心使命、開創美好未來。"

《決議》具有以下三個方面的重大意義,將會產生深刻廣泛的社會影響。

第一,《決議》深刻總結我們黨100年來團結帶領全國各族人民從勝利走向勝利的偉大歷程,教育引導全黨深刻認識紅色政權來之不易、新中國來之不易、中國特色社會主義來之不易,增強我們繼續前進的勇氣和力量。習近平總書記指出:"光榮傳統不能丟,丟了就丟了魂;紅色基因不能變,變了就變了質。黨員、幹部要多學黨史、新中國史,自覺接受紅色傳統教育,常學常新,不斷感悟,鞏固和昇華理想信念。" 走好新趕考之路,要學習貫徹《決議》精神,用黨的重大成就和歷史經驗來鼓舞鬥志、明確方向、凝聚力量、堅定信心,以一往無前的奮鬥姿態繼續堅持和發展中國特色社會主義,奮力奪取全

《決議》的重要地位

《決議》
研究全面總結黨的百年奮鬥重大成就和歷史經驗問題

- 是一篇光輝的馬克思主義綱領性文獻
- 是新時代中國共產黨人牢記初心使命、堅持和發展中國特色社會主義的政治宣言
- 是以史為鑒、開創未來,實現中華民族偉大復興的行動指南

面建設社會主義現代化國家新勝利。

第二，《決議》深刻總結我們黨 100 年來從小到大、從弱到強的成長歷程，教育引導全黨深刻認識加強黨的政治建設的重要性，增強全黨團結統一的自覺性和堅定性。習近平總書記指出："黨的政治建設的首要任務，就是保證全黨服從中央，堅持黨中央權威和集中統一領導，絕不能有絲毫含糊和動搖，必須常抓不懈。要教育引導全黨從黨史中汲取正反兩方面歷史經驗，堅定不移向黨中央看齊，切實增強'四個意識'、堅定'四個自信'、做到'兩個維護'，自覺在思想上政治上行動上同黨中央保持高度一致，確保全黨上下擰成一股繩，心往一處想、勁往一處使。"走好新趕考之路，要學習貫徹《決議》精神，堅持和發揚維護黨中央權威和集中統一領導的歷史經驗，特別是黨的十八大以來的新鮮經驗，增強"四個意識"、堅定"四個自信"、做到"兩個維護"，在以習近平同志為核心的黨中央的堅強領導下，把我們黨團結凝聚成"一塊堅硬的鋼鐵"，團結一致向前進。

第三，《決議》深刻總結我們黨 100 年來加強自身建設、推進自

 權威評論

陳希〔中共中央政治局委員、中央書記處書記、中央組織部部長、中共中央黨校（國家行政學院）校（院）長〕：全會審議通過的《中共中央關於黨的百年奮鬥重大成就和歷史經驗的決議》，是一篇極具歷史穿透力、思想引領力、政治動員力、時代感召力的馬克思主義綱領性文獻，對於推動全黨堅定歷史自信、把握歷史規律、強化歷史自覺，以統一的思想、意志和行動推進新時代中國特色社會主義偉大事業，具有重大現實意義和深遠歷史意義。

我革命的偉大實踐，教育引導全黨深刻認識全面從嚴治黨的重要性和必要性，確保我們黨始終成為中國特色社會主義事業的堅強領導核心。習近平總書記指出："我們黨歷經千錘百煉而朝氣蓬勃，一個很重要的原因就是我們始終堅持黨要管黨、全面從嚴治黨，不斷應對好自身在各個歷史時期面臨的風險考驗，確保我們黨在世界形勢深刻變化的歷史進程中始終走在時代前列，在應對國內外各種風險挑戰的歷史進程中始終成為全國人民的主心骨！"走好新趕考之路，要學習貫徹《決議》精神，深刻汲取黨加強自身建設、保持先進性和純潔性、提高領導水平和執政水平的歷史經驗，進一步提高全黨應對各種風險挑戰的能力，永葆黨的生機活力，團結帶領全國各族人民為實現第二個百年奮鬥目標、實現中華民族偉大復興的中國夢而不懈奮鬥。

第二講

奪取新民主主義革命偉大勝利

新民主主義革命時期，是黨的百年奮鬥中為實現中華民族偉大復興創造根本社會條件的歷史時期。《決議》闡明了這一時期黨面臨的主要任務，總結黨領導人民在各個階段以革命的武裝推翻帝國主義、封建主義、官僚資本主義三座大山，建立了中華人民共和國，實現了民族獨立、人民解放的偉大歷史成就，以及創立毛澤東思想、實施和推進黨的建設的偉大工程的重大成就等。《決議》強調，新民主主義革命的勝利，徹底結束了舊中國半殖民地半封建社會的歷史，徹底廢除了列強強加給中國的不平等條約和帝國主義在中國的一切特權，實現了中國從幾千年封建專制政治向人民民主的偉大飛躍。中國共產黨和中國人民以英勇頑強的奮鬥向世界莊嚴宣告，中國人民從此站起來了，中華民族任人宰割、飽受欺凌的時代一去不復返了！

一、新民主主義革命時期的主要任務、主要矛盾和偉大歷程

新民主主義革命時期，黨面臨的主要任務是，反對帝國主義、封建主義、官僚資本主義，爭取民族獨立、人民解放，為實現中華民族偉大復興創造根本社會條件。

中華民族是世界上古老而偉大的民族，創造了綿延5000多年的燦爛文明，為人類文明進步作出了不可磨滅的貢獻。1840年鴉片戰爭以後，由於西方列強入侵和封建統治腐敗，中國逐步成為半殖民地半封建社會，國家蒙辱、人民蒙難、文明蒙塵，中華民族遭受了前所未有的劫難。為了拯救民族危亡，中國人民奮起反抗，仁人志士奔走吶喊，進行了可歌可泣的鬥爭。太平天國運動、洋務運動、戊戌變法、義和團運動接連而起，各種救國方案輪番出台，但都以失敗告終。孫中山先生領導的辛亥革命推翻了統治中國幾千年的君主專制制度，

但未能改變中國半殖民地半封建的社會性質和中國人民的悲慘命運。中國迫切需要新的思想引領救亡運動，迫切需要新的組織凝聚革命力量。

從這時起，實現中華民族偉大復興成為全民族最偉大的夢想；爭取民族獨立、人民解放和實現國家富強、人民幸福，成為中國人民的歷史任務。

十月革命一聲炮響，給中國送來了馬克思列寧主義。五四運動促進了馬克思主義在中國的傳播。在中國人民和中華民族的偉大覺醒中，在馬克思列寧主義同中國工人運動的緊密結合中，1921 年 7 月中國共產黨應運而生。中國產生了共產黨，這是開天闢地的大事變，中國革命的面貌從此煥然一新。

第一，中國共產黨的成立深刻改變了近代以後中華民族發展的方向和進程。中國共產黨一經成立，就把為中國人民謀幸福、為中華民族謀復興作為初心使命，堅持以馬克思主義為指導，旗幟鮮明地把社會主義和共產主義作為自己的奮鬥目標，並堅持用革命手段實現這個目標。從此，中國革命有了正確的前進方向，中國人民有了強大的凝聚力量，中華民族有了光明的發展前景。

第二，中國共產黨的成立深刻改變了中國人民和中華民族的前途和命運。中國共產黨以馬克思列寧主義為指導，找到了國家和民族的出路，認清了中國的出路在於推翻帝國主義、封建主義和官僚資本主義的統治，並進行社會主義革命和建設。從此，中國人民謀求民族獨立、人民解放和國家富強、人民幸福的鬥爭就有了主心骨，中國人民就從精神上由被動轉為主動。

第三，中國共產黨的成立深刻改變了世界發展的趨勢和格局。中國共產黨的成立，壯大了世界社會主義革命陣營的力量，擴大了世界無產階級社會主義革命的影響，改變了世界發展的趨勢和格局。

黨深刻認識到，近代中國社會主要矛盾是帝國主義和中華民族的

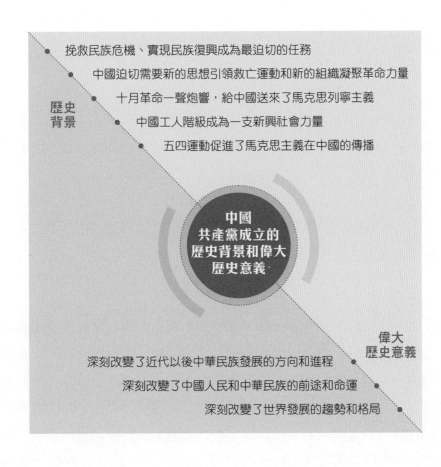

歷史
背景

挽救民族危機、實現民族復興成為最迫切的任務

中國迫切需要新的思想引領救亡運動和新的組織凝聚革命力量

十月革命一聲炮響，給中國送來了馬克思列寧主義

中國工人階級成為一支新興社會力量

五四運動促進了馬克思主義在中國的傳播

中國
共產黨成立的
歷史背景和偉大
歷史意義

偉大
歷史意義

深刻改變了近代以後中華民族發展的方向和進程

深刻改變了中國人民和中華民族的前途和命運

深刻改變了世界發展的趨勢和格局

矛盾、封建主義和人民大眾的矛盾。實現中華民族偉大復興，必須進行反帝反封建鬥爭。

建黨之初和大革命時期，黨制定民主革命綱領，發動工人運動、青年運動、農民運動、婦女運動，推進並幫助國民黨改組和國民革命軍建立，領導全國反帝反封建偉大鬥爭，掀起大革命高潮。1927 年國民黨內反動集團叛變革命，殘酷屠殺共產黨人和革命人民，由於黨內以陳獨秀為代表的右傾思想發展為右傾機會主義錯誤並在黨的領導機關中佔了統治地位，黨和人民不能組織有效抵抗，致使大革命在強大的敵人突然襲擊下遭到慘重失敗。

大革命的失敗，從主觀方面說，是因為黨還處在幼年時期，缺乏丁薛祥（中共中央政治局委員、中央書記處書記、中央辦公廳主任）：黨的十九屆六中全會通過的《中共中央關於黨的百年奮鬥重大成就和歷史經驗的決議》系統總結黨的百年奮鬥重大成就和歷史經驗，強調全黨要牢記中國共產黨是什麼、要幹什麼這個根本問題，把握歷史發展大勢，堅定理想信念，牢記初心使命；要以咬定青山不放鬆的執著奮力實現既定目標，以行百里者半九十的清醒不懈推進中華民族偉大復興。

應對複雜環境的政治經驗，還不善於將馬克思主義基本原理同中國革命具體實際結合起來；從客觀方面講，是由於反革命力量強大，資產階級發生嚴重動搖。大革命的歷史意義是不可磨滅的。經過大革命的洗禮，黨從正反兩方面積累了深刻的經驗，開始在實踐中探索馬克思主義中國化的途徑，初步提出無產階級領導的新民主主義革命的基本思想，為把中國革命推進到一個新的階段——土地革命戰爭時期準備了必要的條件。

土地革命戰爭時期，黨從殘酷的現實中認識到，沒有革命的武裝就無法戰勝武裝的反革命，就無法奪取中國革命勝利，就無法改變中國人民和中華民族的命運，必須以武裝的革命反對武裝的反革命。南昌起義打響武裝反抗國民黨反動派的第一槍，標誌著中國共產黨獨立領導革命戰爭、創建人民軍隊和武裝奪取政權的開端。八七會議確定實行土地革命和武裝起義的方針。黨領導舉行秋收起義、廣州起義和其他許多地區起義，但由於敵我力量懸殊，這些起義大多數失敗了。事實證明，在當時的客觀條件下，中國共產黨人不可能像俄國十月革命那樣通過首先佔領中心城市來取得革命在全國的勝利，黨迫切需要找到適合中國國情的革命道路。

從進攻大城市轉為向農村進軍，是中國革命具有決定意義的新起點。毛澤東同志領導軍民在井岡山建立第一個農村革命根據地，黨領導人民打土豪、分田地。

之所以說大革命失敗後，集中體現中國革命正確方向的是毛澤東同志、朱德同志領導的井岡山革命根據地的鬥爭，是因為：一是井岡山地區群眾基礎比較好，大革命時期湘贛邊界各縣曾建立黨的組織和農民協會；二是這裏的部分舊式農民武裝，願意同工農革命軍聯合；三是這裏地勢險要，易守難攻；四是周圍各縣有自給自足的農業經濟，便於部隊籌款籌糧；五是井岡山地處湘贛邊界，距離國民黨統治的中心比較遠，湘贛兩省軍閥之間存在矛盾，對這個地區的控制力量比較薄弱。井岡山革命根據地的建立，點燃了工農武裝割據的星星之火，為中國革命探索出了農村包圍城市、武裝奪取政權這樣一條前人沒有走過的正確革命道路。

古田會議確立思想建黨、政治建軍原則。隨著鬥爭發展，黨創建了中央革命根據地和湘鄂西、海陸豐、鄂豫皖、瓊崖、閩浙贛、湘鄂贛、湘贛、左右江、川陝、陝甘、湘鄂川黔等根據地。黨在國民黨統治下的白區也發展了黨和其他革命組織，開展了群眾革命鬥爭。然而，由於王明"左"傾教條主義在黨內的錯誤領導，中央革命根據地第五次反"圍剿"失敗，紅軍不得不進行戰略轉移，經過艱苦卓絕的

| 1919-1921年 | 1927-1937年 | 1945-1949年 |
| 五四運動到建黨前 | 土地革命戰爭時期 | 解放戰爭時期 |

新民主主義革命的偉大歷程

| 1921-1927年 | 1931-1945年 | 1949年 |
| 建黨之初和大革命時期 | 抗日戰爭時期 | 中華人民共和國成立 |

長征轉戰到陝北。"左"傾路線的錯誤給革命根據地和白區革命力量造成極大損失。

1935 年 1 月，中央政治局在長征途中舉行遵義會議，事實上確立了毛澤東同志在黨中央和紅軍的領導地位，開始確立以毛澤東同志為主要代表的馬克思主義正確路線在黨中央的領導地位，開始形成以毛澤東同志為核心的黨的第一代中央領導集體，開啟了黨獨立自主解決中國革命實際問題的新階段，在最危急關頭挽救了黨、挽救了紅軍、挽救了中國革命，並且在這以後使黨能夠戰勝張國燾的分裂主義，勝利完成長征，打開中國革命新局面。這在黨的歷史上是一個生死攸關的轉折點。

在長征中，黨進一步認識到，只有把馬克思主義基本原理同中國革命具體實際結合起來，獨立自主解決中國革命的重大問題，才能把革命事業引向勝利。這是在血的教訓和鬥爭考驗中得出的真理。長征的勝利，極大地促進了黨在政治上和思想上的成熟。經過長征的千錘百煉，黨實現了在追求真理、堅持真理的基礎上全黨的空前團結。

延伸問答

問：為什麼說遵義會議在黨的歷史上是一個生死攸關的轉折點？

答：一是遵義會議是在中央革命根據地第五次反"圍剿"失敗和長征初期嚴重受挫的歷史關頭召開的。二是遵義會議事實上確立了毛澤東同志在黨中央和紅軍的領導地位，在最危急的情況下挽救了黨、挽救了紅軍、挽救了中國革命。三是遵義會議後在新的中央領導的指揮下，中央紅軍以嶄新的姿態勝利完成了長征，開創了中國革命的新局面。

抗日戰爭時期，九一八事變後，中日民族矛盾逐漸超越國內階級矛盾上升為主要矛盾。在日本帝國主義加緊侵略我國、民族危機空前嚴重的關頭，黨率先高舉武裝抗日旗幟，廣泛開展抗日救亡運動，促成西安事變和平解決，對推動國共再次合作、團結抗日起了重大歷史作用。七七事變後，黨實行正確的抗日民族統一戰線政策，堅持全面抗戰路線，提出和實施持久戰的戰略總方針和一整套人民戰爭的戰略戰術，開闢廣大敵後戰場和抗日根據地，領導八路軍、新四軍、東北抗日聯軍和其他人民抗日武裝英勇作戰，成為全民族抗戰的中流砥柱，直到取得中國人民抗日戰爭最後勝利。這是近代以來中國人民反抗外敵入侵第一次取得完全勝利的民族解放鬥爭，也是世界反法西斯戰爭勝利的重要組成部分。

在抗日戰爭時期，在民族危亡的歷史關頭，中國共產黨以卓越的政治領導力和正確的戰略策略，指引了中國抗戰的前進方向，堅定不移地推動全民族堅持抗戰、團結、進步，反對妥協、分裂、倒退。中國共產黨高舉抗日民族統一戰線的旗幟，堅決維護、鞏固、發展統一戰線，堅持獨立自主、團結抗戰，維護了團結抗戰大局。中國共產黨在全民族抗戰中發揮了中流砥柱作用，這是中國人民抗日戰爭取得完全勝利的決定性因素。抗日戰爭的實踐表明，中國共產黨是領導中國人民爭取民族獨立和人民解放的堅強核心。

解放戰爭時期，面對國民黨反動派悍然發動的全面內戰，黨領導廣大軍民逐步由積極防禦轉向戰略進攻，打贏遼瀋、淮海、平津三大戰役和渡江戰役，向中南、西北、西南勝利進軍，消滅國民黨反動派800萬軍隊，推翻國民黨反動政府，推翻帝國主義、封建主義、官僚資本主義三座大山。黨領導的人民軍隊在人民支持下，以一往無前的英雄氣概同窮兇極惡的敵人進行殊死鬥爭，為奪取新民主主義革命勝利建立了歷史功勳。

在中國革命即將取得勝利的前夜，1949年3月，黨的七屆二中全

全民族抗戰時期中國共產黨領導的人民軍隊主要戰績統計		

作戰總次數	125165 次	解放人口	1.255 億

消滅日偽軍有生力量

斃傷日軍	520463 人	斃傷偽軍	490130 人
俘虜日軍	6213 人	俘虜偽軍	512933 人
投誠反正的日軍	746 人	投誠反正的偽軍	183632 人

繳獲

各種炮	1852 門
長短槍	682831 支
輕重機槍	11895 挺
馬匹	30448 匹
汽車、摩托車	347 輛

擊毀

飛機	57 架
坦克	69 輛
裝甲車	164 輛
火車機車	301 輛
汽車、摩托車	6080 輛

抗擊關內侵華日軍的 58%-69% 和幾乎全部偽軍，收復國土 104.8 萬餘平方公里，殲敵合計 1714117 人（日軍 527422 人、偽軍 1186695 人）

注：1. 材料時間：1937 年 9 月至 1945 年 10 月 11 日。2. 材料內容：含八路軍、新四軍、華南人民抗日游擊隊戰績。3. 統計時間：1945 年 12 月（延安總部資料）

數據來源：中國共產黨歷史展覽館

會在河北西柏坡舉行。全會著重強調黨的工作重心的戰略轉移，指出：黨著重在鄉村聚集力量、用鄉村包圍城市這樣一種時期已經完結，從現在起，開始了由城市到鄉村並由城市領導鄉村的時期。黨要立即開始著手建設事業，一步一步地學會管理城市，並將恢復和發展城市中的生產作為中心任務。城市中的其他工作，都必須圍繞著生產建設這個中心工作並為這個中心工作服務。

黨的七屆二中全會高度重視黨在全國範圍執政後的自身建設問題。毛澤東同志提醒全黨同志進一步加強思想建設和作風建設，"務必使同志們繼續地保持謙虛、謹慎、不驕、不躁的作風，務必使同志們繼續地保持艱苦奮鬥的作風"，警惕資產階級"糖衣炮彈"的攻擊。"兩個務必"思想包含著對中國幾千年治亂興衰歷史規律的深刻把握，包含著對中國共產黨艱苦卓絕奮鬥歷程的深刻總結，包含著對勝利了的政黨永葆先進性和純潔性、對即將誕生的人民政權實現長治久安的深刻憂思，包含著對中國共產黨堅持全心全意為人民服務根本宗旨的深刻認識。"兩個務必"思想始終激勵全黨永遠保持艱苦奮鬥的光榮傳統，永遠保持同人民群眾的血肉聯繫。

二、新民主主義革命時期的理論成果和歷史成就

在革命鬥爭中，以毛澤東同志為主要代表的中國共產黨人，把馬克思列寧主義基本原理同中國具體實際相結合，對經過艱苦探索、付出巨大犧牲積累的一系列獨創性經驗作了理論概括，開闢了農村包圍城市、武裝奪取政權的正確革命道路，創立了毛澤東思想，為奪取新民主主義革命勝利指明了正確方向。

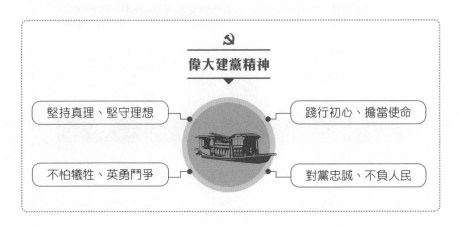

在革命鬥爭中，黨弘揚堅持真理、堅守理想，踐行初心、擔當使命，不怕犧牲、英勇鬥爭，對黨忠誠、不負人民的偉大建黨精神，實施和推進黨的建設偉大工程，提出著重從思想上建黨的原則，堅持民主集中制，堅持理論聯繫實際、密切聯繫群眾、批評和自我批評三大優良作風，形成統一戰線、武裝鬥爭、黨的建設三大法寶，努力建設全國範圍的、廣大群眾性的、思想上政治上組織上完全鞏固的馬克思主義政黨。黨從 1942 年開始在全黨進行整風，這場馬克思主義思想教育運動收到巨大成效。黨制定《關於若干歷史問題的決議》，使全黨對中國革命基本問題的認識達到一致。黨的七大為建立新民主主義的新中國制定了正確路線方針政策，使全黨在思想上政治上組織上達到空前統一和團結。

　　中國共產黨在堅持抗戰的同時，注重加強自身建設。從 1942 年 2 月開始至 1945 年春季結束，全黨開展整風運動，主要是反對主觀主義以整頓學風，反對宗派主義以整頓黨風，反對黨八股以整頓文風。整風運動既是一次馬克思主義的思想教育運動，也是一次破除黨內把馬

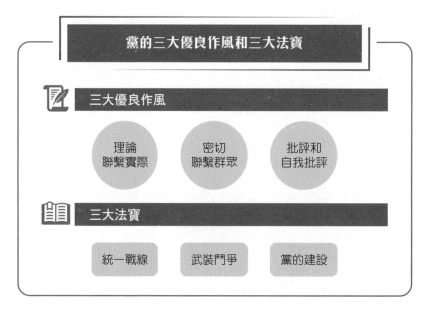

克思主義教條化、把共產國際決議和蘇聯經驗神聖化錯誤傾向的思想解放運動。整風運動為黨的七大的順利召開奠定了思想政治基礎。

黨的七大概括了毛澤東思想的主要內容，這就是：關於現代世界情況及中國國情的分析，關於新民主主義的理論與政策，關於解放農民的理論與政策，關於革命統一戰線的理論與政策，關於革命戰爭的理論與政策，關於革命根據地的理論與政策，關於建設新民主主義共和國的理論與政策，關於建設黨的理論與政策，關於文化的理論與政策，等等。毛澤東思想是在黨領導人民艱苦奮鬥的基礎上，通過總結正反兩方面的經驗，在實踐中逐步形成的。它是中國共產黨集體智慧的結晶，以獨創性理論豐富和發展了馬克思主義，實現了馬克思主義中國化的第一次歷史性飛躍。黨的七大確立毛澤東思想為黨的指導思想，是近代中國歷史和人民革命鬥爭發展的必然選擇。

經過 28 年浴血奮鬥，黨領導人民，在各民主黨派和無黨派民主人士積極合作下，於 1949 年 10 月 1 日宣告成立中華人民共和國，實

深閱讀

《決議》第一部分 "奪取新民主主義革命偉大勝利"。闡明這一時期黨面臨的主要任務是，反對帝國主義、封建主義、官僚資本主義，爭取民族獨立、人民解放，為實現中華民族偉大復興創造根本社會條件。分析黨產生的歷史背景，總結黨領導人民在建黨之初和大革命時期、土地革命戰爭時期、抗日戰爭時期、解放戰爭時期進行革命鬥爭的歷史進程和創造的偉大成就，以及創立毛澤東思想、實施和推進黨的建設偉大工程的重大成就。強調成立中華人民共和國，實現民族獨立、人民解放，實現了中國從幾千年封建專制政治向人民民主的偉大飛躍。

新民主主義革命時期的歷史成就	
▶ 實現民族獨立、人民解放	▶ 徹底結束了舊中國半殖民地半封建社會的歷史
▶ 徹底結束了極少數剝削者統治廣大勞動人民的歷史	▶ 徹底結束了舊中國一盤散沙的局面
▶ 徹底廢除了列強強加給中國的不平等條約和帝國主義在中國的一切特權	▶ 實現了中國從幾千年封建專制政治向人民民主的偉大飛躍
▶ 極大改變了世界政治格局	▶ 鼓舞了全世界被壓迫民族和被壓迫人民爭取解放的鬥爭

現民族獨立、人民解放，徹底結束了舊中國半殖民地半封建社會的歷史，徹底結束了極少數剝削者統治廣大勞動人民的歷史，徹底結束了舊中國一盤散沙的局面，徹底廢除了列強強加給中國的不平等條約和帝國主義在中國的一切特權，實現了中國從幾千年封建專制政治向人民民主的偉大飛躍，也極大改變了世界政治格局，鼓舞了全世界被壓迫民族和被壓迫人民爭取解放的鬥爭。

中華人民共和國的成立，為實現中華民族偉大復興奠定了根本政治前提和制度基礎。中華人民共和國的成立，是馬克思列寧主義在中國的勝利。這個勝利，使馬克思列寧主義被接受為人民共和國各項事業的指導思想，對世界歷史產生了廣泛而深遠的影響。

實踐充分說明，歷史和人民選擇了中國共產黨，沒有中國共產黨領導，民族獨立、人民解放是不可能實現的。中國共產黨和中國人民以英勇頑強的奮鬥向世界莊嚴宣告，中國人民從此站起來了，中華民族任人宰割、飽受欺凌的時代一去不復返了，中國發展從此開啟了新紀元。

第三講

完成社會主義革命和推進
社會主義建設

一　社會主義革命和建設
時期的主要任務、主
要矛盾和偉大歷程

二　社會主義革命和建設
時期的理論成果和歷
史成就

社會主義革命和建設時期，是黨的百年奮鬥中為實現中華民族偉大復興奠定根本政治前提和制度基礎的歷史時期。這一時期，黨團結帶領人民建立新中國、確立社會主義制度、探索建設社會主義國家的正確道路。《決議》闡明了這一時期黨面臨的主要任務，並總結新中國成立後黨領導人民創造的偉大成就和黨積累的初步經驗。在闡述這一時期黨取得的獨創性理論成果的基礎上，《決議》對毛澤東思想進行科學評價。《決議》強調，這一時期，我們黨自力更生、發憤圖強，實現了中華民族有史以來最為廣泛而深刻的社會變革，實現了一窮二白、人口眾多的東方大國大步邁進社會主義社會的偉大飛躍。回顧激情燃燒的奮鬥歲月，中國共產黨和中國人民以英勇頑強的奮鬥向世界莊嚴宣告，中國人民不但善於破壞一個舊世，也善於建設一個新世界，只有社會主義才能救中國，只有社會主義才能發展中國！

一、社會主義革命和建設時期的主要任務、主要矛盾和偉大歷程

　　社會主義革命和建設時期，黨面臨的主要任務是，實現從新民主主義到社會主義的轉變，進行社會主義革命，推進社會主義建設，為實現中華民族偉大復興奠定根本政治前提和制度基礎。

　　新中國成立後，黨領導人民戰勝政治、經濟、軍事等方面一系列嚴峻挑戰，肅清國民黨反動派殘餘武裝力量和土匪，和平解放西藏，實現祖國大陸完全統一；穩定物價，統一財經工作，完成土地改革，進行社會各方面民主改革，實行男女權利平等，鎮壓反革命，開展"三反"、"五反"運動，蕩滌舊社會留下的污泥濁水，社會面貌煥然一新。中國人民志願軍雄赳赳、氣昂昂跨過鴨綠江，同朝鮮人民和軍隊並肩戰鬥，戰勝武裝到牙齒的強敵，打出了國威軍

習近平（中共中央總書記、國家主席、中央軍委主席）：中國黨和政府以非凡氣魄和膽略作出抗美援朝、保家衛國的歷史性決策。1950 年 10 月 19 日，中國人民志願軍在彭德懷司令員兼政治委員率領下進入朝鮮戰場。這是以正義之師行正義之舉。抗美援朝戰爭，是在交戰雙方力量極其懸殊條件下進行的一場現代化戰爭。當時，中美兩國國力相差巨大。在這樣極不對稱、極為艱難的情況下，中國人民志願軍同朝鮮軍民密切配合，首戰兩水洞、激戰雲山城、會戰清川江、鏖戰長津湖等，連續進行 5 次戰役，此後又構築起銅牆鐵壁般的縱深防禦陣地，實施多次進攻戰役，粉碎"絞殺戰"、抵禦"細菌戰"、血戰上甘嶺，創造了威武雄壯的戰爭偉業。

威，打出了中國人民的精氣神，贏得抗美援朝戰爭偉大勝利，捍衛了新中國安全，彰顯了新中國大國地位。新中國在錯綜複雜的國內國際環境中站穩了腳跟。

新中國成立以後，黨中央從整風運動和黨的七大以來形成的堅強團結，在執掌全國政權的條件下繼續保持下來，全黨繼續保持了革命戰爭年代的艱苦奮鬥作風和同人民群眾的密切聯繫。新中國成立初期各項工作取得順利進展的最重要的保證，就是因為有一個堅強團結的黨、一個為正確目標而一致行動努力奮鬥的黨。

新中國成立後，我們黨領導廣大新解放區人民進行了轟轟烈烈的土地改革。1950 年 6 月 30 日，中央人民政府正式公佈施行《中華人民共和國土地改革法》。土地改革的總路線是：依靠貧農、僱農，團結中農，中立富農，有步驟有分別地消滅封建剝削制度，發展農業生產。從 1950 年冬季開始，史上空前規模的土地改革運動，在新解放區有領導、有步驟、分階段地展開。到 1952 年底，中國大陸除一部分少數民族地區外，基本完成了土地改革。全國約 3 億無地少地的農民（包括老解放區農民在內）無償獲得了約 7 億畝土地，農村的土地佔有關係發生了根本變化，無地少地的農民還獲得了其他生產資料和生活資料。這標誌著在我國延續了幾千年的封建制度的基礎——地主階級的土地所有制，已經徹底被消滅，農民成為土地的真正主人。這從根本上解放了農村生產力，激發了廣大農民的生產積極性，促進了農業的恢復和發展，為工業化開闢了道路。

黨領導建立和鞏固工人階級領導的、以工農聯盟為基礎的人民民主專政的國家政權，為國家迅速發展創造了條件。1949 年，中國人民政治協商會議第一屆全體會議制定《中國人民政治協商會議共同綱領》。1953 年，黨正式提出過渡時期的總路線，即在一個相當長的時期內，逐步實現國家的社會主義工業化，並逐步實現國家對農業、手工業和資本主義工商業的社會主義改造。1954 年，召開第一屆全國人民代表大會第一次會議，通過了《中華人民共和國憲法》。1956 年，我國基本上完成對生產資料私有制的社會主義改造，基本上實現生產資料公有制和按勞分配，建立起社會主義經濟制度。黨領導確立人民代表大會制度、中國共產黨領導的多黨合作和政治協商制度、民族區域自治制度，為人民當家作主提供了制度保證。黨領導實現和鞏固了全國各族人民的大團結，形成和發展各民族平等互助的社會主義民族關係，實現和鞏固全國工人、農民、知識分子和其他各階層人民的大團結，加強和擴大了廣泛統一戰線。社會主義制度的建立，為我國一切進步和發展奠定了重要基礎。

從 1953 年開始，我國按照過渡時期總路線的要求，對農業、手工業和資本主義工商業的社會主義改造全面展開。1953 年起，農業合作化運動在全國普遍開展起來。到 1956 年底，加入農業生產合作社的農戶達到全國農戶總數的 96.3%，其中參加高級社的農戶佔全國農戶總數的 87.8%，基本完成了對農業的社會主義改造。黨在領導農業合作化的同時，也開始了對手工業的社會主義改造。到 1956 年底，我國基本上完成了對手工業的社會主義改造。對資本主義工商業的社會主義改造是通過國家資本主義的形式逐步進行的，採取的方針是經過國家資本主義改造資本主義工業，採用的政策可概括為“利用、限制、改造”。到 1956 年底，全國私營工業戶數的 99% 和私營商業戶數的 82.2%，分別被納入了公私合營或合作社的軌道。至此，我國基本完成對資本主義工商業的社會主義改造。生產資料私有制的社會主義改造的完成，標誌著我國社會主義制度的初步建立。

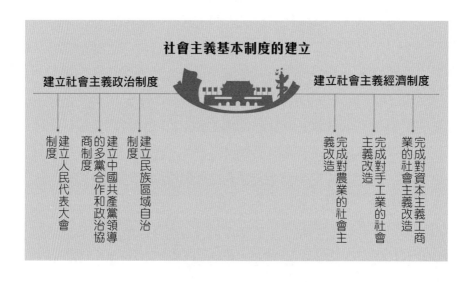

中國共產黨團結帶領中國人民完成社會主義革命，確立了社會主義制度，這是一個偉大的歷史性勝利，為當代中國一切發展進步奠定了根本政治前提和制度基礎。從此，黨開始領導全國各族人民在新建立的社會主義制度的基礎上，大力發展社會生產力，為實現國家富

黨的八大提出我國社會主要矛盾發生的轉變

當前經濟文化不能滿足人民需要的狀況

人民對於經濟文化迅速發展的需要

強、人民幸福而奮鬥。

黨的八大根據我國社會主義改造基本完成後的形勢，提出國內主要矛盾已經不再是工人階級和資產階級的矛盾，而是人民對於經濟文化迅速發展的需要同當前經濟文化不能滿足人民需要的狀況之間的矛盾，全國人民的主要任務是集中力量發展社會生產力，實現國家工業化，逐步滿足人民日益增長的物質和文化需要。黨提出努力把我國逐步建設成為一個具有現代農業、現代工業、現代國防和現代科學技術的社會主義強國，領導人民開展全面的大規模的社會主義建設。經過實施幾個五年計劃，我國建立起獨立的比較完整的工業體系和國民經濟體系，農業生產條件顯著改變，教育、科學、文化、衛生、體育事業有很大發展。"兩彈一星"等國防尖端科技不斷取得突破，國防工業從無到有逐步發展起來。人民解放軍得到壯大和提高，由單一的陸軍發展成為包括海軍、空軍和其他技術兵種在內的合成軍隊，為鞏固新生人民政權、確立中國大國地位、維護中華民族尊嚴提供了堅強後盾。

黨的八大最重要的理論貢獻，是對我國社會主要矛盾作出了正確判斷，並據此提出了關於黨和國家的主要任務。以《論十大關係》和黨的八大為標誌，我國探索適合自身實際情況的社會主義建設道路有了一個良好的開端。黨的八大以後，黨領導全國各族人民，繼續在政治、經濟、科學、文化等各領域進行探索，取得了全面建設社會主義的初步成果。雖然後來黨的八大路線沒有能在實踐中完全堅持下去，但是，對中國建設社會主義道路的探索，對黨和國家事業的發展都具有長遠的重大意義。

1964 年 12 月至 1965 年 1 月召開的三屆全國人大一次會議鄭重提出了實現"四個現代化"的歷史任務。周恩來在政府工作報告中代表中央明確提出，"在不太長的歷史時期內，把我國建設成為一個具有現代農業、現代工業、現代國防和現代科學技術的社會主義強國，趕上和超過世界先進水平"。1975 年 1 月，四屆全國人大一次會議重申了實現"四個現代化"的戰略目標。"四個現代化"奮鬥目標的提出，是中國共產黨人經過對社會主義建設道路的深入探索和對中外發展經驗的總結，通過反覆權衡和深思熟慮，最終確定下來的，是激勵和鼓舞全國各族人民建設社會主義現代化國家的強大精神動力。

黨堅持獨立自主的和平外交政策，倡導和堅持和平共處五項原則，堅定維護國家獨立、主權、尊嚴，支持和援助世界被壓迫民族解

放事業、新獨立國家建設事業和各國人民正義鬥爭，反對帝國主義、霸權主義、殖民主義、種族主義，徹底結束了舊中國的屈辱外交。黨審時度勢調整外交戰略，推動恢復我國在聯合國的一切合法權利，打開對外工作新局面，推動形成國際社會堅持一個中國原則的格局。黨提出劃分三個世界的戰略，作出中國永遠不稱霸的莊嚴承諾，贏得國際社會特別是廣大發展中國家尊重和讚譽。

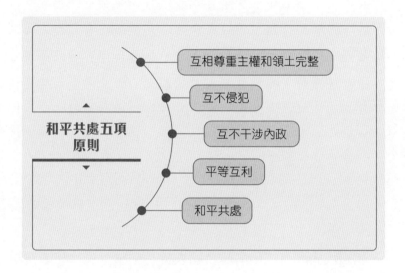

1945 年聯合國成立時，中國是創始會員國，也是聯合國安理會五個常任理事國之一。中華人民共和國成立後，由於美國的阻撓，中華人民共和國在聯合國的席位一直被台灣國民黨當局所佔據。圍繞中國在聯合國的席位問題，中國政府進行了長期不懈的鬥爭。1971 年 10 月 25 日，在許多亞非拉國家和其他主持正義國家的共同努力下，第 26 屆聯合國大會以 76 票贊成、35 票反對、17 票棄權的壓倒性多數，通過了恢復中華人民共和國在聯合國的一切合法權利和立即把台灣當局的代表從聯合國的一切機構中驅逐出去的第 2758 號決議。11 月 1 日，中華人民共和國五星紅旗第一次在聯合國升起。11 月 15 日，中

權威聲音

習近平（中共中央總書記、國家主席、中央軍委主席）：中國人民始終維護聯合國權威和地位，踐行多邊主義，中國同聯合國合作日益深化。中國忠實履行聯合國安理會常任理事國職責和使命，維護聯合國憲章宗旨和原則，維護聯合國在國際事務中的核心作用。中國積極倡導以和平方式政治解決爭端，派出 5 萬多人次參加聯合國維和行動，已經成為第二大聯合國會費國、第二大維和攤款國。中國率先實現聯合國千年發展目標，帶頭落實 2030 年可持續發展議程，對世界減貧貢獻超過 70%。中國始終遵循聯合國憲章和《世界人權宣言》精神，堅持把人權普遍性同中國實際結合起來，走出了一條符合時代潮流、具有中國特色的人權發展道路，為中國人權進步和國際人權事業作出了重大貢獻。

華人民共和國代表團首次出席聯合國大會。中華人民共和國在聯合國合法席位的恢復，是中國外交戰線的一個重大勝利。

黨充分預見到在全國執政面臨的新挑戰，早在解放戰爭取得全國勝利前夕召開的黨的七屆二中全會就向全黨提出，務必繼續保持謙虛、謹慎、不驕、不躁的作風，務必繼續保持艱苦奮鬥的作風。新中國成立後，黨著重提出執政條件下黨的建設的重大課題，從思想上組織上作風上加強黨的建設、鞏固黨的領導。黨加強幹部理論學習和知識培訓，提高黨的領導水平，要求全黨特別是黨的高級幹部增強維護黨的團結統一的自覺性。黨開展整風整黨，加強黨內教育，整頓基層黨組織，提高黨員條件，反對官僚主義、命令主義和貪污浪費。黨高度警惕並著力防範黨員幹部腐化變質，堅決懲治腐敗。這些重要舉措，增強了黨的純潔性和全黨的團結，密切了黨同人民群眾的聯繫，積累了執政黨建設的初步經驗。

新中國成立後，我們黨高度警惕並著力防範黨員幹部腐化變質，堅決懲治腐敗。1951 年底，在全國範圍內開展了反貪污、反浪費、反官僚主義的"三反"運動。同時，在黨的領導下，分黨政軍三個系統成立各級增產節約檢查委員會，由首長負責，親自動手，採取自上而下和自下而上相結合的方法，通過檢查貪污浪費現象，來開展這場鬥爭。其中，黨中央果斷處理了劉青山、張子善貪污案，在全黨全社會引起極大震動，有效遏制了腐敗現象滋長的勢頭。為加強對黨員特別是對黨的高級幹部的監督，反對各種違法亂紀現象，1955 年 3 月，黨的全國代表會議決定成立黨的中央和地方各級監察委員會，並選舉產生了中央監察委員會。

社會主義革命和建設的歷程

1949-1956年 從新民主主義向社會主義過渡時期	1956-1966年 全面建設社會主義時期	1966-1976年 "文化大革命"時期

遺憾的是，黨的八大形成的正確路線未能完全堅持下去，先後出現"大躍進"運動、人民公社化運動等錯誤，反右派鬥爭也被嚴重擴大化。面對當時嚴峻複雜的外部環境，黨極為關注社會主義政權鞏固，為此進行了多方面努力。然而，毛澤東同志在關於社會主義社會階級鬥爭的理論和實踐上的錯誤發展得越來越嚴重，黨中央未能及時糾正這些錯誤。毛澤東同志對當時我國階級形勢以及黨和國家政治狀況作出完全錯誤的估計，發動和領導了"文化大革命"，林彪、江青兩個反革命集團利用毛澤東同志的錯誤，進行了大量禍國殃民的罪惡

活動，釀成十年內亂，使黨、國家、人民遭到新中國成立以來最嚴重的挫折和損失，教訓極其慘痛。1976 年 10 月，中央政治局執行黨和人民的意志，毅然粉碎了"四人幫"，結束了"文化大革命"這場災難。

　　"文化大革命"是在探求中國自己的社會主義道路的歷程中遭到的嚴重挫折。中國共產黨依靠自己的力量，最終自己糾正了這一嚴重錯誤。歷史再一次證明，中國共產黨是勇於不斷自我革命的馬克思主義政黨，有能力靠自己的力量糾正錯誤，中國共產黨和社會主義制度具有強大的生命力。

二、社會主義革命和建設時期的理論成果和歷史成就

　　在這個時期，毛澤東同志提出把馬克思列寧主義基本原理同中國具體實際進行"第二次結合"，以毛澤東同志為主要代表的中國共產黨人，結合新的實際豐富和發展毛澤東思想，提出關於社會主義建設的一系列重要思想，包括社會主義社會是一個很長的歷史階段，嚴格區分和正確處理敵我矛盾和人民內部矛盾，正確處理我國社會主義建設的十大關係，走出一條適合我國國情的工業化道路，尊重價值規

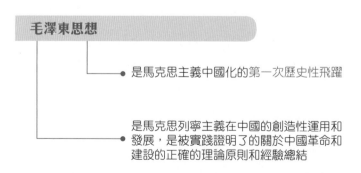

毛澤東思想

● 是馬克思主義中國化的第一次歷史性飛躍

● 是馬克思列寧主義在中國的創造性運用和發展，是被實踐證明了的關於中國革命和建設的正確的理論原則和經驗總結

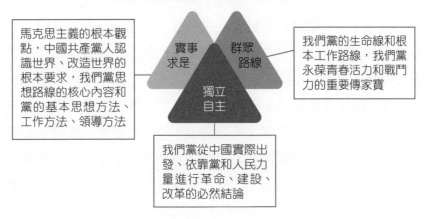

毛澤東思想活的靈魂的三個基本方面

馬克思主義的根本觀點，中國共產黨人認識世界、改造世界的根本要求，我們黨思想路線的核心內容和黨的基本思想方法、工作方法、領導方法

實事求是

群眾路線

獨立自主

我們黨的生命線和根本工作路線，我們黨永葆青春活力和戰鬥力的重要傳家寶

我們黨從中國實際出發、依靠黨和人民力量進行革命、建設、改革的必然結論

律，在黨與民主黨派的關係上實行"長期共存、互相監督"的方針，在科學文化工作中實行"百花齊放、百家爭鳴"的方針等。這些獨創性理論成果至今仍有重要指導意義。

毛澤東思想是馬克思列寧主義在中國的創造性運用和發展，是被實踐證明了的關於中國革命和建設的正確的理論原則和經驗總結，是馬克思主義中國化的第一次歷史性飛躍。毛澤東思想的活的靈魂是貫穿於各個組成部分的立場、觀點、方法，體現為實事求是、群眾路線、獨立自主三個基本方面，為黨和人民事業發展提供了科學指引。

習近平總書記在紀念毛澤東同志誕辰 120 週年座談會上的講話中明確指出："毛澤東思想教育了幾代中國共產黨人，它培養的大批骨幹，不僅在新民主主義革命、社會主義革命、社會主義建設時期發揮了重要作用，也為新的歷史時期開創和建設中國特色社會主義發揮了重要作用。"

實事求是，是馬克思主義的根本觀點，是中國共產黨人認識世界、改造世界的根本要求，是我們黨思想路線的核心內容和黨的基本思想方法、工作方法、領導方法。不論過去、現在和將來，我們都要堅持一切從實際出發，理論聯繫實際，在實踐中檢驗真理和發展真理。堅持實事求是，就要深入實際了解事物的本來面貌；就要清醒認識和正確把握我國仍處於並將長期處於社會主義初級階段這個基本國情；就要堅持為了人民利益堅持真理、修正錯誤；就要不斷推進實踐基礎上的理論創新。

群眾路線是我們黨的生命線和根本工作路線，是我們黨永葆青春活力和戰鬥力的重要傳家寶。不論過去、現在和將來，我們都要堅持一切為了群眾，一切依靠群眾，從群眾中來，到群眾中去，把黨的正確主張變為群眾的自覺行動，把群眾路線貫徹到治國理政全部活動之中。堅持群眾路線，就要堅持人民是決定我們前途命運的根本力量；就要堅持全心全意為人民服務的根本宗旨；就要保持黨同人民群眾的血肉聯繫；就要真正讓人民來評判我們的工作。

延伸問答

問：為什麼說黨在社會主義革命和建設中取得的獨創性理論成果為開創中國特色社會主義提供了理論準備？

答：以毛澤東同志為主要代表的中國共產黨人在社會主義革命和建設中取得的獨創性理論成果，系統回答了在一個半殖民地半封建的東方大國，如何實現新民主主義革命和社會主義革命的問題，對建設什麼樣的社會主義、怎樣建設社會主義進行了艱辛探索，積累了在中國這樣一個社會生產力水平十分落後的東方大國進行社會主義建設的重要經驗，以創造性的內容為馬克思主義思想寶庫增添了新的財富。這些思想成果為黨繼續探索並系統形成中國特色社會主義理論體系提供了重要基礎。

獨立自主是我們黨從中國實際出發、依靠黨和人民力量進行革命、建設、改革的必然結論。不論過去、現在和將來，我們都要把國家和民族發展放在自己力量的基點上，堅持民族自尊心和自信心，堅定不移走自己的路。堅持獨立自主，就要堅持中國的事情必須由中國人民自己作主張、自己來處理；就要堅定不移走中國特色社會主義道路，既不走封閉僵化的老路，也不走改旗易幟的邪路；就要堅持獨立自主的和平外交政策，堅定不移走和平發展道路。

　　從新中國成立到改革開放前夕，黨領導人民完成社會主義革命，消滅一切剝削制度，實現了中華民族有史以來最為廣泛而深刻的社會

社會主義革命和建設時期的主要建設成就

 ▶ 國內生產總值
1952年僅為**679億元**，1978年增加到**3679億元**，居全球第**11位**

▶ 糧食產量

 1949年糧食總產量**0.23萬億斤**

 1978年糧食總產量**0.6萬億斤**

▶ 工業領域

我國建立起獨立的比較完整的工業體系1949-1978年，我國工業總產值從**140億元**增長至**4067億元**，增長**28倍**

▶ 科技領域

"兩彈一星"研製成功
第一艘核潛艇研製成功
第一台集成電路計算機研製成功
第一次回收發射的人造地球衛星成功
秈型雜交水稻培育成功
人工合成牛胰島素等

▶ 人民群眾受教育水平、健康水平

	1949年	1978年
學齡兒童入學率	20%	94%
人均預期壽命	35歲	68歲
嬰兒死亡率	200‰	41.02‰

數據來源：國家統計局網站

變革，實現了一窮二白、人口眾多的東方大國大步邁進社會主義社會的偉大飛躍。在探索過程中，雖然經歷了嚴重曲折，但黨在社會主義革命和建設中取得的獨創性理論成果和巨大成就，為在新的歷史時期開創中國特色社會主義提供了寶貴經驗、理論準備、物質基礎。

這些理論成果和巨大成就主要包括：我們黨領導人民在舊中國一窮二白的基礎上，進行了中國歷史上從來不曾有過的熱氣騰騰的社會主義建設，在不長的時間裏，我國社會就發生了翻天覆地的變化，建立起獨立的比較完整的工業體系和國民經濟體系，獨立研製出"兩彈一星"，有效維護了國家主權和安全，成為在世界上有重要影響的大國，積累起在中國這樣一個社會生產力水平十分落後的東方大國進行社會主義建設的重要經驗。我們黨努力探索符合中國國情的社會主義建設道路，逐步形成了一些十分重要的認識：提出把黨和國家的工作重點轉到社會主義建設和技術革命上來；提出走自己的路，探索適合中國國情的社會主義建設道路；提出社會主義社會的基本矛盾和主要矛盾，發展生產力是根本任務；提出社會主義現代化建設分兩個步驟，進而提出中國社會主義的發展分兩個階段；提出社會主義社會還存在商品生產和商品交換，要尊重價值法則，大力發展商品生產；提出必須正確區分和處理敵我矛盾和人民內部矛盾；等等。

歷史和現實已經證明，並將繼續證明，只有社會主義才能救中國，只有社會主義才能發展中國，這是近代以來中國人民和中華民族在為實現中華民族偉大復興鬥爭中得出的不可動搖的歷史結論。歷史昭示我們，只有中國共產黨才能領導中國人民建立社會主義制度，只有社會主義才能發展中國，只有堅持中國特色社會主義道路才能實現中華民族偉大復興。

第四講

進行改革開放和社會主義現代化建設

一 改革開放和社會主義現代化
建設新時期的主要任務、主
要矛盾和偉大歷程

二 改革開放和社會主義現代化
建設新時期的理論成果和歷
史成就

改革開放和社會主義現代化建設新時期，是黨的百年奮鬥中為實現中華民族偉大復興提供充滿新的活力的體制保證和快速發展的物質條件的重要歷史時期。這一時期，黨團結帶領人民解放思想、銳意進取，開創了中國特色社會主義的偉大事業。《決議》闡明了這一時期黨面臨的主要任務，強調了黨的十一屆三中全會的歷史意義，總結了以鄧小平同志、江澤民同志、胡錦濤同志為主要代表的中國共產黨人作出的歷史貢獻，展現了波瀾壯闊的歷史畫卷和舉世矚目的偉大成就。《決議》強調，這一時期黨領導人民創造了偉大成就，實現了從高度集中的計劃經濟體制到充滿活力的社會主義市場經濟體制、從封閉半封閉到全方位開放的歷史性轉變，實現了從生產力相對落後的狀況到經濟總量躍居世界第二的歷史性突破，實現了人民生活從溫飽不足到總體小康、奔向全面小康的歷史性跨越，推進了中華民族從站起來到富起來的偉大飛躍。中國共產黨和中國人民以英勇頑強的奮鬥向世界莊嚴宣告，改革開放是決定當代中國前途命運的關鍵一招，中國大踏步趕上了時代。

一、改革開放和社會主義現代化建設新時期的 主要任務、主要矛盾和偉大歷程

改革開放和社會主義現代化建設新時期，黨面臨的主要任務是，繼續探索中國建設社會主義的正確道路，解放和發展社會生產力，使人民擺脫貧困、盡快富裕起來，為實現中華民族偉大復興提供充滿新的活力的體制保證和快速發展的物質條件。

"文化大革命"結束以後，在黨和國家面臨何去何從的重大歷史關頭，黨深刻認識到，只有實行改革開放才是唯一出路，否則我們的現代化事業和社會主義事業就會被葬送。1978 年 12 月，黨召開十一

屆三中全會，果斷結束"以階級鬥爭為綱"，實現黨和國家工作中心戰略轉移，開啟了改革開放和社會主義現代化建設新時期，實現了新中國成立以來黨的歷史上具有深遠意義的偉大轉折。黨作出徹底否定"文化大革命"的重大決策。40多年來，黨始終不渝堅持這次全會確立的路線方針政策。

黨的十一屆三中全會，是在我們黨和國家面臨何去何從的十字路口召開的一次重要的會議，中國共產黨人順應時代潮流和人民願望，以非凡的理論勇氣和政治智慧，開闢了建設中國特色社會主義的新道路。全會毅然作出了改革開放這一決定當代中國命運的關鍵抉擇，實現了黨的歷史上具有深遠意義的偉大轉折，開啟了改革開放和社會主義現代化建設的歷史新時期。

為了推進改革開放，黨重新確立馬克思主義的思想路線、政治路線、組織路線，徹底否定"兩個凡是"的錯誤方針，正確評價毛澤東同志的歷史地位和毛澤東思想的科學體系。黨明確我國社會的主要矛盾是人民日益增長的物質文化需要同落後的社會生產之間的矛盾，解決這個主要矛盾就是我們的中心任務，提出小康社會的目標。黨在各

 深閱讀

《關於建國以來黨的若干歷史問題的決議》的形成，表明我們黨對自己包括領袖人物的失誤和錯誤採取鄭重的態度，敢於承認，正確分析，堅決糾正，從而使失誤和錯誤連同黨的成功經驗一起成為寶貴財富。決議還對黨的十一屆三中全會以來逐步確立的適合我國情況的社會主義現代化建設正確道路的主要點，從十個方面作了概括，實質上初步提出了在中國建設什麼樣的社會主義和怎樣建設社會主義的問題。

方面工作中恢復並制定一系列正確政策，調整國民經濟。黨領導全面開展思想、政治、組織等領域撥亂反正，大規模平反冤假錯案和調整社會關係。黨制定《關於建國以來黨的若干歷史問題的決議》，標誌著黨在指導思想上的撥亂反正勝利完成。

改革開放新時期，我國社會的主要矛盾是人民日益增長的物質文化需要同落後的社會生產之間的矛盾。這一論斷符合當時我國發展實際和歷史方位。從社會生產方面看，新中國成立以後，我國基本上建立起獨立的比較完整的工業體系和國民經濟體系，農業生產條件顯著改善，教育、科學等事業有了很大的發展。但是，我國仍然是一個貧窮落後的農業國，人口多、底子薄，社會生產力相對比較落後。從社會需求方面看，新中國成立以後，城鄉居民生活水平明顯改善，但社會生產力相對落後，人民生活水平總體上仍然不高，1978 年仍有約 2.5 億人口沒有解決溫飽問題，人民群眾對於過上好日子、富日子有強烈的期盼和要求。

黨的十二大、十三大、十四大、十五大、十六大、十七大，根據國際國內形勢發展變化，從我國發展新要求出發，一以貫之對推進改革開放和社會主義現代化建設作出全面部署，並召開多次中央全會專題研究部署改革發展穩定重大工作。我國改革從農村實行家庭聯產承包責任制率先突破，逐步轉向城市經濟體制改革並全面鋪開，確立社會主義市場經濟的改革方向，更大程度更廣範圍發揮市場在資源配置中的基礎性作用，堅持和完善基本經濟制度和分配制度。黨堅決推進經濟體制改革，同時進行政治、文化、社會等各領域體制改革，推進黨的建設制度改革，不斷形成和發展符合當代中國國情、充滿生機活力的體制機制。黨把對外開放確立為基本國策，從興辦深圳等經濟特區、開發開放浦東、推動沿海沿邊沿江沿線和內陸中心城市對外開放到加入世界貿易組織，從"引進來"到"走出去"，充分利用國際國內兩個市場、兩種資源。經過持續推進改革開放，我國實現了從高度集中的計劃經濟體制到充滿活力的社會主義市場經濟體制、從封閉半封閉到全方位開放的歷史性轉變。

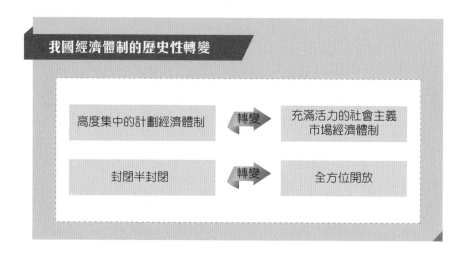

新中國成立後，我國借鑒蘇聯模式建立了高度集中的計劃經濟體制，其弊端就是經營管理過於集中，分配上存在嚴重平均主義傾向，不利於調動人民群眾的積極性創造性，人民生活改善緩慢。黨的十一屆三中全會後，我國實行改革開放，正確認識和處理計劃與市場的關係問題，突破了把計劃經濟同商品經濟對立的傳統觀念，提出我國社會主義經濟是"在公有制基礎上的有計劃的商品經濟"；突破了把全民所有制同國家機構直接經營企業混為一談的傳統觀念，提出所有權和經營權可以適當分開；明確提出我國經濟體制改革的目標是"建立社會主義市場經濟體制"；等等。經過持續推進改革開放，我國實現了從高度集中的計劃經濟體制到充滿活力的社會主義市場經濟體制的歷史性轉變，不斷解放和發展社會生產力，推動我國社會主義制度自我完善和發展。

黨的十一屆三中全會確定了對外開放的基本國策，中國的大門迅速打開。首先試辦深圳等經濟特區，大力吸引利用外資、引進先進

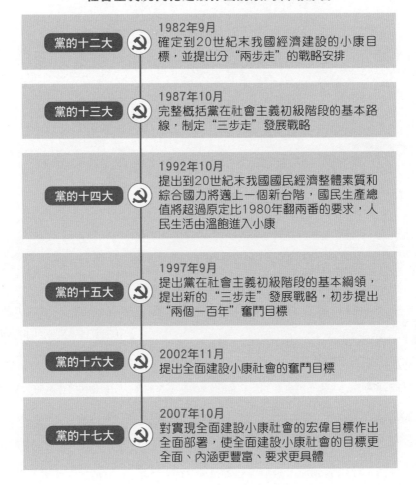

黨的十二大至十七大對推進改革開放和
社會主義現代化建設作出的系列戰略部署

黨的十二大
1982年9月
確定到20世紀末我國經濟建設的小康目標，並提出分"兩步走"的戰略安排

黨的十三大
1987年10月
完整概括黨在社會主義初級階段的基本路線，制定"三步走"發展戰略

黨的十四大
1992年10月
提出到20世紀末我國國民經濟整體素質和綜合國力將邁上一個新台階，國民生產總值將超過原定比1980年翻兩番的要求，人民生活由溫飽進入小康

黨的十五大
1997年9月
提出黨在社會主義初級階段的基本綱領，提出新的"三步走"發展戰略，初步提出"兩個一百年"奮鬥目標

黨的十六大
2002年11月
提出全面建設小康社會的奮鬥目標

黨的十七大
2007年10月
對實現全面建設小康社會的宏偉目標作出全面部署，使全面建設小康社會的目標更全面、內涵更豐富、要求更具體

技術先進管理經驗，發展勞動密集型出口加工業。1984年，進一步開放14個沿海港口城市，設立沿海經濟開放區，初步形成多層次、有重點、點面結合的對外開放格局。以1992年鄧小平南方談話和黨的十四大為標誌，對外開放範圍由沿海擴大到沿江、內陸和沿邊，形成了全方位、多層次、寬領域的對外開放格局。以2001年加入世界貿易組織為標誌，我國從單方面自主開放轉變為與世貿組織成員在國際

全方位、多層次、寬領域對外開放格局的形成

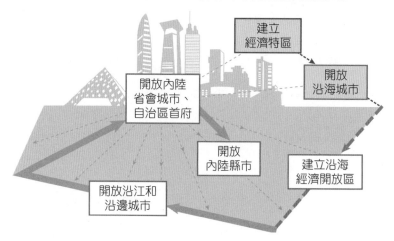

規則下相互開放，開啟了全面參與經濟全球化、充分利用"兩個市場、兩種資源"的新時期。

為了加快推進社會主義現代化，黨領導人民進行經濟建設、政治建設、文化建設、社會建設，取得一系列重大成就。黨堅持以經濟建設為中心，堅持發展是硬道理，提出科學技術是第一生產力，實施科教興國、可持續發展、人才強國等重大戰略，推進西部大開發，振興東北地區等老工業基地，促進中部地區崛起，支持東部地區率先發展，促進城鄉、區域協調發展，推進國有企業改革和發展，鼓勵和支持發展非公有制經濟，加快轉變經濟發展方式，加強生態環境保護，推動經濟持續快速發展，綜合國力大幅提升。黨堅持黨的領導、人民當家作主、依法治國有機統一，發展社會主義民主政治，建設社會主義政治文明，積極穩妥推進政治體制改革，堅持依法治國和以德治國相結合，制定新憲法，建設社會主義法治國家，形成中國特色社會主義法律體系，尊重和保障人權，鞏固和發展最廣泛的愛國統一戰線。黨加強理想信念教育，推進社會主義核心價值體系建設，建設社會主義精神文明，發展社會主義先進文化，推動社會主義文化大發展大繁

榮。黨加快推進以改善民生為重點的社會建設，改善人民生活，取消農業稅，不斷推進學有所教、勞有所得、病有所醫、老有所養、住有所居，促進社會和諧穩定。黨提出建設強大的現代化正規化革命軍隊的總目標，把軍事鬥爭準備的基點放在打贏信息化條件下的局部戰爭上，推進中國特色軍事變革，走中國特色精兵之路。

改革開放以後，我國文化事業發展迅速。黨的十二屆六中全會通過的《中共中央關於社會主義精神文明建設指導方針的決議》闡明了精神文明建設的戰略地位、根本任務和基本指導方針，是新時期加強我國社會主義精神文明建設的綱領性文件。黨的十六屆六中全會後，社會主義核心價值體系融入國民教育和精神文明建設全過程，全社會廣泛開展理想信念教育、愛國主義教育、國情和形勢政策教育。黨的十七屆六中全會作出《中共中央關於深化文化體制改革、推動社會主義文化大發展大繁榮若干重大問題的決定》，提出堅持中國特色社會主義文化發展道路、努力建設社會主義文化強國的戰略任務。文化產業崛起和發展成為文化體制改革的顯著特徵，到 2012 年，我國年出版圖書品種、總量穩居世界第一位，成為世界第三大電影生產國、世界第一大電視劇生產國；文化創意、數字出版、移動多媒體、動漫遊戲等新興文化產業快速發展。

面對風雲變幻的國際形勢，黨毫不動搖堅持四項基本原則，堅決排除各種干擾，從容應對關係我國改革發展穩定全局的一系列風險考驗。20 世紀 80 年代末 90 年代初，蘇聯解體、東歐劇變。由於國際上反共反社會主義的敵對勢力的支持和煽動，國際大氣候和國內小氣候導致 1989 年春夏之交我國發生嚴重政治風波。黨和政府依靠人民，旗幟鮮明反對動亂，捍衛了社會主義國家政權，維護了人民根本利益。黨領導人民成功應對亞洲金融危機、國際金融危機等經濟風險，成功舉辦 2008 年北京奧運會、殘奧會，戰勝長江和嫩江、松花江流域嚴重洪澇、汶川特大地震等自然災害，戰勝非典疫情，彰顯了黨抵

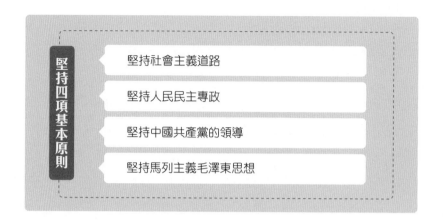

堅持四項基本原則

堅持社會主義道路

堅持人民民主專政

堅持中國共產黨的領導

堅持馬列主義毛澤東思想

禦風險和駕馭複雜局面的能力。

黨的十一屆三中全會以後，我們黨緊緊依靠全國各族人民，堅持黨的基本路線不動搖，堅決捍衛中國特色社會主義事業，戰勝了來自政治、經濟領域和自然界前所未有的嚴峻考驗和挑戰，保證了改革開放和社會主義現代化建設事業始終沿著正確方向前進。

黨把完成祖國統一大業作為歷史重任，為此進行不懈努力。鄧小平同志創造性提出"一個國家，兩種制度"科學構想，開闢了以和平方式實現祖國統一的新途徑。經過艱巨工作和鬥爭，我國政府相繼對香港、澳門恢復行使主權，洗雪了中華民族百年恥辱。香港、澳門回歸祖國後，中央政府嚴格按照憲法和特別行政區基本法辦事，保持香港、澳門長期繁榮穩定。黨把握解決台灣問題大局，確立"和平統一、一國兩制"基本方針，推動兩岸雙方達成體現一個中國原則的"九二共識"，推進兩岸協商談判，實現全面直接雙向"三通"，開啟兩岸政黨交流。制定反分裂國家法，堅決遏制"台獨"勢力、促進祖國統一，有力挫敗各種製造"兩個中國"、"一中一台"、"台灣獨立"的圖謀。

1992 年，海峽兩岸關係協會與台灣海峽交流基金會就如何表述堅持一個中國原則的問題，達成"海峽兩岸都堅持一個中國的原則，努力謀求國家的統一"的共識，後來被概括為"九二共識"。"九二共識”的核心是一個中國原則，即大陸和台灣同屬一個中國，兩岸關係不是國與國的關係、兩岸應在一個中國的框架內進行平等協商。“九二共識”對於兩岸建立基本互信、開展對話協商、改善和發展兩岸關係，起了重要作用。無論形勢如何變化，我們黨始終把堅持“九二共識”作為同台灣當局和各政黨交往的基礎和條件。

黨科學判斷時代特徵和國際形勢，提出和平與發展是當今時代的主題。黨堅持維護世界和平、促進共同發展的外交政策宗旨，調整同主要大國的關係，發展同周邊國家的睦鄰友好關係，深化同廣大發展中國家的友好合作，積極參與國際和地區事務，建立起全方位多層次的對外關係新格局。黨積極促進世界多極化和國際關係民主化，推動經濟全球化朝著有利於共同繁榮的方向發展，旗幟鮮明反對霸權主義和強權政治，堅定維護廣大發展中國家利益，推動建立公正合理的國際政治經濟新秩序，促進世界持久和平、共同繁榮。

改革開放以來，我國堅持維護世界和平、促進共同發展的外交政策宗旨，推動構建全方位多層次對外關係新格局。一是調整同主要大國的關係。同美國、俄羅斯、法國、英國、日本及歐盟等建立了發展面向 21 世紀雙邊關係的基本框架。二是發展同周邊國家的睦鄰友好關係。維護周邊地區和平穩定，促進共同發展。三是深化同廣大發展中國家的友好合作。始終把發展和加強同發展中國家的友好合作關係作為外交工作的立足點，堅定維護廣大發展中國家利益。四是積極參與國際和地區事務。積極參與多邊外交和首腦外交，推動解決國際和地區熱點問題，推動全球經濟治理機制變革。

黨始終強調，治國必先治黨，治黨務必從嚴，聚精會神抓好黨的建設，開創和推進黨的建設新的偉大工程。黨制定關於黨內政治生活的若干準則，健全民主集中制，發揚黨內民主，實現黨內政治生活正常化；有計劃有步驟進行整黨，著力解決黨內思想不純、作風不純、組織不純問題；按照革命化、年輕化、知識化、專業化方針加強幹部隊伍建設，大力選拔中青年幹部，促進幹部隊伍新老交替。黨圍繞解決好提高黨的領導水平和執政水平、提高拒腐防變和抵禦風險能力這兩大歷史性課題，以執政能力建設和先進性建設為主線，先後就加強黨同人民群眾聯繫、加強和改進黨的作風建設、加強黨的執政能力建設等重大問題作出決定，組織開展"講學習、講政治、講正氣"教育、"三個代表"重要思想學習教育活動、保持共產黨員先進性教育活動、學習實踐科學發展觀活動等集中性學習教育。黨把黨風廉政建設和反腐敗鬥爭提高到關係黨和國家生死存亡的高度，推進懲治和預防腐敗體系建設。

改革開放以來，以鄧小平同志為主要代表的中國共產黨人開創了黨的建設新的偉大工程。以江澤民同志、胡錦濤同志為主要代表的中國共產黨人按照黨的建設新的偉大工程的總目標，即把黨建設成為用建設有中國特色社會主義理論武裝起來、全心全意為人民服務、思想上政治上組織上完全鞏固、能夠經受住各種風險、始終走在時代前列的馬克思主義政黨，強調治國必先治黨、治黨務必從嚴，從思想上、組織上、作風上、制度上、反腐倡廉上抓好黨的建設，不斷提高黨的領導水平和執政水平，不斷增強拒腐防變和抵禦風險的能力；不斷加強黨的先進性建設，提高黨的建設科學化水平，繼續推進黨的建設新的偉大工程。

二、改革開放和社會主義現代化建設新時期的
理論成果和歷史成就

　　黨的十一屆三中全會以後，以鄧小平同志為主要代表的中國共產黨人，團結帶領全黨全國各族人民，深刻總結新中國成立以來正反兩方面經驗，圍繞什麼是社會主義、怎樣建設社會主義這一根本問題，借鑒世界社會主義歷史經驗，創立了鄧小平理論，解放思想，實事求是，作出把黨和國家工作中心轉移到經濟建設上來、實行改革開放的歷史性決策，深刻揭示社會主義本質，確立社會主義初級階段基本路線，明確提出走自己的路、建設中國特色社會主義，科學回答了建設中國特色社會主義的一系列基本問題，制定了到 21 世紀中葉分三步走、基本實現社會主義現代化的發展戰略，成功開創了中國特色社會主義。

　　鄧小平理論是在和平與發展成為時代主題的歷史條件下，在我國

改革開放和社會主義現代化建設的偉大實踐中，在總結新中國成立後我國社會主義建設挫折教訓和世界其他國家興衰成敗歷史經驗的基礎上，把馬克思主義基本原理同中國具體實際相結合，推進馬克思主義中國化、時代化、大眾化的重大理論成果，開拓了馬克思主義的新境界，實現了馬克思主義在中國發展的新的歷史性飛躍。在鄧小平理論指導下，我們黨圍繞什麼是馬克思主義、怎樣堅持馬克思主義，什麼是社會主義、怎樣建設社會主義等重大理論和實踐問題，形成了社會主義初級階段的基本路線和一系列方針政策，確立了以經濟建設為中心的指導思想，實現了由以政治革命為中心到以經濟建設為中心的轉變，成為中國特色社會主義理論體系的奠基之石。

黨的十三屆四中全會以後，以江澤民同志為主要代表的中國共產黨人，團結帶領全黨全國各族人民，堅持黨的基本理論、基本路線，加深了對什麼是社會主義、怎樣建設社會主義和建設什麼樣的黨、怎樣建設黨的認識，形成了"三個代表"重要思想，在國內外形勢十分

 權威聲音

習近平（中共中央總書記、國家主席、中央軍委主席）：鄧小平同志最鮮明的思想和實踐特點，就是從實際出發、從世界大勢出發、從國情出發，始終堅持我們黨一貫倡導的實事求是、群眾路線、獨立自主。中國特色社會主義是適合中國國情、符合中國特點、順應時代發展要求的理論和實踐，所以才能取得成功，並將繼續取得成功。鄧小平同志說："特別是像我們這樣第三世界的發展中國家，沒有民族自尊心，不珍惜自己民族的獨立，國家是立不起來的。"我們的國權，我們的國格，我們的民族自尊心，我們的民族獨立，關鍵是道路、理論、制度的獨立。

複雜、世界社會主義出現嚴重曲折的嚴峻考驗面前捍衛了中國特色社會主義，確立了社會主義市場經濟體制的改革目標和基本框架，確立了社會主義初級階段公有制為主體、多種所有制經濟共同發展的基本經濟制度和按勞分配為主體、多種分配方式並存的分配制度，開創全面改革開放新局面，推進黨的建設新的偉大工程，成功把中國特色社會主義推向 21 世紀。

"三個代表"重要思想是在科學判斷黨的歷史方位的基礎上提出來的，是對馬克思列寧主義、毛澤東思想和鄧小平理論的繼承和發展，反映了當代世界和中國的發展變化對黨和國家工作的新要求，是加強和改進黨的建設、推進社會主義制度自我完善和發展的強大理論武器，是全黨集體智慧的結晶。黨的十六大對"三個代表"重要思想的科學內涵和根本要求作了全面闡述，指出貫徹"三個代表"重要思想，關鍵在堅持與時俱進，核心在堅持黨的先進性，本質在堅持執政為民。始終做到"三個代表"，是我們黨的立黨之本、執政之基、力量之源。

黨的十六大以後，以胡錦濤同志為主要代表的中國共產黨人，團結帶領全黨全國各族人民，在全面建設小康社會進程中推進實踐創新、理論創新、制度創新，深刻認識和回答了新形勢下實現什麼樣的發展、怎樣發展等重大問題，形成了科學發展觀，抓住重要戰略機遇期，聚精會神搞建設，一心一意謀發展，強調堅持以人為本、全面協調可持續發展，著力保障和改善民生，促進社會公平正義，推進黨的執政能力建設和先進性建設，成功在新形勢下堅持和發展了中國特色社會主義。

科學發展觀是馬克思主義同當代中國實際和時代特徵相結合的產物，是馬克思主義關於發展的世界觀和方法論的集中體現，開闢了當代中國馬克思主義發展新境界。科學發展觀是中國特色社會主義理論體系的重要組成部分，是中國共產黨集體智慧的結晶，是指導黨和國家全部工作的強大思想武器。黨的十八大把科學發展觀正式確立為黨的指導思想。深入貫徹落實科學發展觀，對堅持和發展中國特色社會主義具有重大現實意義和深遠歷史意義，必須把科學發展觀貫徹到我國現代化建設全過程、體現到黨的建設各方面。

黨深刻認識到，開創改革開放和社會主義現代化建設新局面，必須以理論創新引領事業發展。鄧小平同志指出，一個黨，一個國家，一個民族，如果一切從本本出發，思想僵化，迷信盛行，那它就不能前進，它的生機就停止了，就要亡黨亡國。黨領導和支持開展真理標準問題大討論，從新的實踐和時代特徵出發堅持和發展馬克思主義，科學回答了建設中國特色社會主義的發展道路、發展階段、根本任務、發展動力、發展戰略、政治保證、祖國統一、外交和國際戰略、領導力量和依靠力量等一系列基本問題，形成中國特色社會主義理論體系，實現了馬克思主義中國化新的飛躍。

中國特色社會主義理論體系，就是包括鄧小平理論、"三個代表"重要思想、科學發展觀在內的科學理論體系。這個理論體系，堅持和發展了馬克思列寧主義、毛澤東思想，凝結了幾代中國共產黨人帶領人民不懈探索實踐的智慧和心血，是馬克思主義中國化的重大成果。中國特色社會主義理論體系是黨在領導改革開放和社會主義現代化建設的偉大實踐中逐步形成的。

改革開放 40 週年之際，黨中央隆重舉行慶祝大會，習近平總書

改革開放和社會主義現代化建設新時期的理論成果

鄧小平
理論

"三個代表"
重要思想

科學
發展觀

記發表重要講話，全面總結 40 年改革開放取得的偉大成就和寶貴經驗，強調改革開放是黨的一次偉大覺醒，是中國人民和中華民族發展史上一次偉大革命，發出將改革開放進行到底的偉大號召。改革開放和社會主義現代化建設的偉大成就舉世矚目，我國實現了從生產力相對落後的狀況到經濟總量躍居世界第二的歷史性突破，實現了人民生活從溫飽不足到總體小康、奔向全面小康的歷史性跨越，推進了中華民族從站起來到富起來的偉大飛躍。

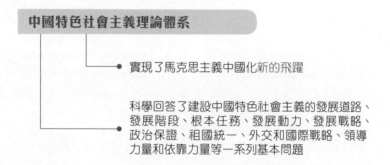

習近平總書記在慶祝改革開放 40 週年大會上的講話中指出，改革開放 40 年積累的寶貴經驗是黨和人民彌足珍貴的精神財富，對新時代堅持和發展中國特色社會主義有著極為重要的指導意義，必須倍加珍惜、長期堅持，在實踐中不斷豐富和發展。習近平總書記所指出的寶貴經驗指的是 "九個必須堅持"：必須堅持黨對一切工作的領導，不斷加強和改善黨的領導；必須堅持以人民為中心，不斷實現人民對美好生活的嚮往；必須堅持馬克思主義指導地位，不斷推進實踐基礎上的理論創新；必須堅持走中國特色社會主義道路，不斷堅持和發展中國特色社會主義；必須堅持完善和發展中國特色社會主義制度，不斷發揮和增強我國制度優勢；必須堅持以發展為第一要務，不斷增強我國綜合國力；必須堅持擴大開放，不斷推動共建人類命運共同體；必須堅持全面從嚴治黨，不斷提高黨的創造力、凝聚力、戰鬥

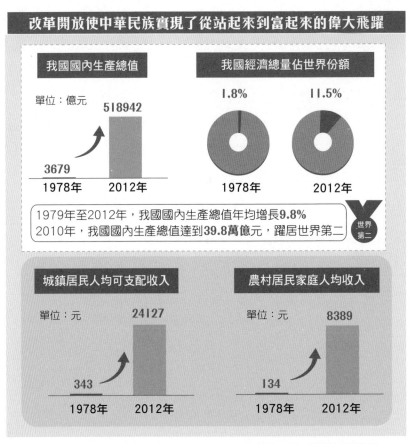

改革開放使中華民族實現了從站起來到富起來的偉大飛躍

我國國內生產總值

單位：億元

3679 1978年 518942 2012年

我國經濟總量佔世界份額

1.8% 1978年 11.5% 2012年

1979年至2012年，我國國內生產總值年均增長9.8%
2010年，我國國內生產總值達到39.8萬億元，躍居世界第二

世界第二

城鎮居民人均可支配收入

單位：元

343 1978年 24127 2012年

農村居民家庭人均收入

單位：元

134 1978年 8389 2012年

數據來源：國家統計局網站

力；必須堅持辯證唯物主義和歷史唯物主義世界觀和方法論，正確處理改革發展穩定關係。

中國共產黨和中國人民以英勇頑強的奮鬥向世界莊嚴宣告，改革開放是決定當代中國前途命運的關鍵一招，中國特色社會主義道路是指引中國發展繁榮的正確道路，中國大踏步趕上了時代。

第五講

開創中國特色社會主義
新時代

中國特色社會主義新時代，是黨的十八大以來中國發展新的歷史方位，是為實現中華民族偉大復興提供更為完善的制度保證、更為堅實的物質基礎、更為主動的精神力量的重要歷史時期。《決議》闡述了這一時期黨面臨的主要任務，以"十個明確"概括習近平新時代中國特色社會主義思想的核心內容，從 13 個方面總結概括新時代黨和國家事業取得的歷史性成就、發生的歷史性變革，重點總結 9 年來的原創性思想、變革性實踐、突破性進展、標誌性成果。

一、新時代的主要任務和基本內涵

黨的十八大以來，中國特色社會主義進入新時代。黨面臨的主要任務是，實現第一個百年奮鬥目標，開啟實現第二個百年奮鬥目標新征程，朝著實現中華民族偉大復興的宏偉目標繼續前進。

以習近平同志為核心的黨中央統籌把握中華民族偉大復興戰略全局和世界百年未有之大變局，強調中國特色社會主義新時代是承前啟後、繼往開來、在新的歷史條件下繼續奪取中國特色社會主義偉大勝利的時代，是決勝全面建成小康社會、進而全面建設社會主義現代化強國的時代，是全國各族人民團結奮鬥、不斷創造美好生活、逐步實現全體人民共同富裕的時代，是全體中華兒女勠力同心、奮力實現中華民族偉大復興中國夢的時代，是我國不斷為人類作出更大貢獻的時代。中國特色社會主義新時代是我國發展新的歷史方位。

明確中國特色社會主義進入新時代，這是我們黨在科學把握世情國情黨情深刻變化的基礎上，作出的一項關係全局的重大戰略考量，進一步彰顯了我們黨與時代共同進步的先進性本色，體現了我們黨把握歷史規律和歷史趨勢的高度自覺和高度自信。

從發展階段看，黨的十八大以來，改革開放和社會主義現代化建

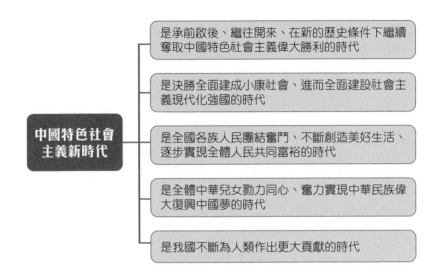

是承前啟後、繼往開來、在新的歷史條件下繼續奪取中國特色社會主義偉大勝利的時代

是決勝全面建成小康社會、進而全面建設社會主義現代化強國的時代

中國特色社會主義新時代

是全國各族人民團結奮鬥、不斷創造美好生活、逐步實現全體人民共同富裕的時代

是全體中華兒女勠力同心、奮力實現中華民族偉大復興中國夢的時代

是我國不斷為人類作出更大貢獻的時代

設取得歷史性成就，我國發展站到了新的歷史起點上，中國特色社會主義進入新的發展階段。黨的理論創新實現了新飛躍，發展理念和發展方式有重大轉變。從社會主要矛盾看，我國社會主要矛盾已經由人民日益增長的物質文化需要同落後的社會生產之間的矛盾，轉化為人民日益增長的美好生活需要和不平衡不充分的發展之間的矛盾。這一重大歷史性變化，對發展全局產生了廣泛而深刻的影響。從奮鬥目標看，黨的十九大到二十大是"兩個一百年"奮鬥目標的歷史交匯期，我們要在全面建成小康社會、實現第一個百年奮鬥目標的基礎上，開啟全面建設社會主義現代化國家新征程，向第二個百年奮鬥目標進軍。從國際地位看，當代中國正處在從大國走向強國的關鍵時期，已不再是國際秩序的被動接受者，而是積極的參與者、建設者、引領者。

新時代不是別的什麼新時代，而是中國特色社會主義新時代。這個新時代，既同改革開放以來的發展歷程一脈相承，又體現了很多與時俱進的新特徵，內涵豐富、意蘊深遠。

新時代，是承前啟後、繼往開來、在新的歷史條件下繼續奪取中國特色社會主義偉大勝利的時代，是決勝全面建成小康社會、進而全面建設社會主義現代化強國的時代。黨的十九大作出在全面建成小康社會的基礎上，分兩步走在本世紀中葉全面建成社會主義現代化強國的戰略安排。在新時代，要堅忍不拔、鍥而不捨，統籌推進"五位一體"總體佈局，協調推進"四個全面"戰略佈局，在全面建成小康社會的基礎上，譜寫全面建設社會主義現代化國家新篇章。

新時代，是全國各族人民團結奮鬥、不斷創造美好生活、逐步實現全體人民共同富裕的時代。帶領人民創造美好生活、實現共同富裕，是我們黨矢志不渝的奮鬥目標。在新時代，要時刻不忘初心，始終把實現好、維護好、發展好最廣大人民根本利益作為最高標準，著力在實現全體人民共同富裕上取得實實在在的新進展。

新時代，是全體中華兒女勠力同心、奮力實現中華民族偉大復興中國夢的時代。實現中華民族偉大復興，是中國共產黨百年奮鬥的偉

 權威評論

陳晉（中共中央黨史和文獻研究院原院務委員）：中國特色社會主義進入新時代，使中國的發展站到一個更高層級的歷史方位上。從這個歷史方位往前看，新時代的內涵，在國家層面是決勝全面建成小康社會、進而全面建設社會主義現代化國家；在人民層面是不斷創造美好生活、逐步實現全體人民共同富裕；在中華民族層面是奮力實現中華民族偉大復興；在中國和世界的關係層面是中國日益走近世界舞台中央、不斷為人類作出更大貢獻。顯然，這些內涵和使命是緊扣中國夢包括的國家富強、民族振興、人民幸福具體目標來說的。也就是說，新時代是通過努力奮鬥更真切地貼近實現中國夢的時代。

大主題。新中國的成立，為民族復興奠定堅實基礎。改革開放新的偉大革命，為民族復興注入強大生機活力。在新時代，只要凝聚起全體中華兒女同心共築中國夢的磅礴力量，牢記使命、奮發有為、砥礪前行，就一定能夠到達民族復興的光輝彼岸。

新時代，是我國日益走近世界舞台中央、不斷為人類作出更大貢獻的時代。在新時代，中國與世界的關係發生深刻變化，我國同國際社會的互聯互動空前緊密，成為促進世界和平與發展的強大力量。必須統籌國內國際兩個大局，堅持和平發展道路，推動構建人類命運共同體。

二、習近平新時代中國特色社會主義思想的核心內容

以習近平同志為主要代表的中國共產黨人，堅持把馬克思主義基本原理同中國具體實際相結合、同中華優秀傳統文化相結合，堅持毛澤東思想、鄧小平理論、"三個代表"重要思想、科學發展觀，深刻總結並充分運用黨成立以來的歷史經驗，從新的實際出發，創立了習近平新時代中國特色社會主義思想。

時代是思想之母。習近平新時代中國特色社會主義思想，運用馬克思主義立場觀點方法，聚焦新的時代命題，凝結新的思想精華，總結開創性獨創性的實踐經驗，以嶄新的思想內容豐富和發展了馬克思主義，形成了一個系統全面、邏輯嚴密、內涵豐富、內在統一的科學理論體系。

習近平新時代中國特色社會主義思想，包括新時代堅持和發展中國特色社會主義的總目標、總任務、總體佈局、戰略佈局和發展方向、發展方式、發展動力、戰略步驟、外部條件、政治保證等基本問題，

習近平新時代中國特色社會主義思想，深深植根於中華文化的沃土之中，深刻汲取博大精深的中華優秀傳統文化所蘊含的豐富哲學思想、人文精神、道德理念，是對中華優秀傳統文化進行創造性轉化、創新性發展的典範。這一重要思想深刻反映中華民族自古以來的夢想和追求，特別是實現中華民族偉大復興這一近代以來最偉大的夢想，凝結著中國人民的偉大創造精神、偉大奮鬥精神、偉大團結精神、偉大夢想精神，具有強大的歷史穿透力、文化感染力和精神感召力，有效激活了中華優秀傳統文化的生命力，使馬克思主義在中國大地煥發出新的勃勃生機。

　　思想內容十分豐富，涵蓋改革發展穩定、內政外交國防、治黨治國治軍等各個領域、各個方面，貫通馬克思主義哲學、政治經濟學、科學社會主義，體現了中國特色社會主義道路、理論、制度、文化的內在統一，反映了中國特色社會主義理論邏輯、歷史邏輯、實踐邏輯的有機統一。《決議》用"十個明確"概括了這一重大思想的核心內容。這是黨對中國特色社會主義建設規律認識深化和理論創新的重大成果。

　　（一）明確中國特色社會主義最本質的特徵是中國共產黨領導，中國特色社會主義制度的最大優勢是中國共產黨領導，中國共產黨是最高政治領導力量，全黨必須增強"四個意識"、堅定"四個自信"、做到"兩個維護"

　　中國共產黨是中國特色社會主義事業的堅強領導核心。黨的十九大將"中國特色社會主義最本質的特徵是中國共產黨領導，中國特色社會主義制度的最大優勢是中國共產黨領導，黨是最高政治領導力量"確立為習近平新時代中國特色社會主義思想的重要內容，同時把這一重大政治原則寫入黨章，把"堅持黨對一切工作的領導"作為新時代堅持和發展中國特色社會主義的基本方略。這是我們黨在堅持和發展中國特色社會主義中最根本的經驗總結，是道路自信、理論自信、制度自信、文化自信的集中體現。2018 年 3 月，十三屆全國人大一次會議通過《中華人民共和國憲法修正案》，在序言確定黨的領導地位的基礎上，又在總綱中明確規定中國共產黨領導是中國特色社會主義最本質的特徵，強化了黨總攬全局、協調各方的領導地位。憲法以根本法的形式確立黨的領導地位，反映的是中國最大的國情，有利於在全體人民中強化黨的領導意識，有效地把黨的領導落實到國家工作的全過程和各方面，確保黨和國家事業始終沿著正確方向前進。

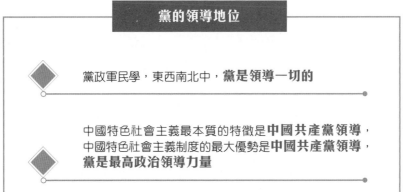

（二）明確堅持和發展中國特色社會主義，總任務是實現社會主義現代化和中華民族偉大復興，在全面建成小康社會的基礎上，分兩步走在本世紀中葉建成富強民主文明和諧美麗的社會主義現代化強國，以中國式現代化推進中華民族偉大復興

黨的十八大報告提出，建設中國特色社會主義，總任務是實現社

會主義現代化和中華民族偉大復興。實現現代化是近代以來中國人民不懈的追求，實現中華民族偉大復興是近代以來中華民族最偉大的夢想。社會主義現代化是中華民族偉大復興的核心內容，中華民族偉大復興是社會主義現代化的形象表達。黨的十九大報告提出，從 2020 年到本世紀中葉實現現代化，分兩個階段來安排。第一個階段，從 2020 年到 2035 年，在全面建成小康社會的基礎上，再奮鬥 15 年，基本實現社會主義現代化；第二個階段，從 2035 年到本世紀中葉，在基本實現現代化的基礎上，再奮鬥 15 年，把我國建成富強民主文明和諧美麗的社會主義現代化強國。我們黨堅持和發展中國特色社會主義，推動物質文明、政治文明、精神文明、社會文明、生態文明協調發展，創造了中國式現代化新道路，創造了人類文明新形態，推進了中華民族偉大復興的歷史進程。

（三）明確新時代我國社會主要矛盾是人民日益增長的美好生活需要和不平衡不充分的發展之間的矛盾，必須堅持以人民為中心的發展思想，發展全過程人民民主，推動人的全面發展、全體人民共同富裕取得更為明顯的實質性進展

新時代我國社會主要矛盾的轉化是關係全局的歷史性變化，對黨和國家工作提出了許多新要求。中國共產黨是為人民奮鬥的政黨，始終把人民放在第一位，堅持尊重社會發展規律和尊重人民歷史主體地位的一致性，堅持為崇高理想奮鬥和為最廣大人民謀利益的一致性，堅持完成黨的各項工作和實現人民利益的一致性，不斷把為人民造福事業推向前進。進入新發展階段，我們黨將在更高水平上增進民生福祉，不斷實現人民對美好生活的嚮往。

（四）明確中國特色社會主義事業總體佈局是經濟建設、政治建設、文化建設、社會建設、生態文明建設五位一體，戰略佈局是全面建設社會主義現代化國家、全面深化改革、全面依法治國、全面從嚴治黨四個全面

中國特色社會主義進入新時代，以習近平同志為核心的黨中央總攬全局，科學決策，堅持統籌推進"五位一體"總體佈局，推動中國特色社會主義事業全面發展、全面進步。黨的十八大以來，以習近平同志核心的黨中央從堅持和發展中國特色社會主義全局出發，提出並形成了全面建成小康社會、全面深化改革、全面依法治國、全面從嚴治黨的"四個全面"戰略佈局。隨著我國全面建成小康社會，"全面建設社會主義現代化國家"取代"全面建成小康社會"。"四個全面"戰略佈局，是黨在新時代把握我國發展新特徵確定的治國理政新方略，抓住了黨和國家事業發展中根本性、全局性、緊迫性的重大問題，擘劃了推進改革開放和現代化建設的頂層設計，集中體現了黨和國家事業長遠發展的戰略目標和舉措，標誌著黨對中國特色社會主義建設規律的把握達到了一個前所未有的新高度。

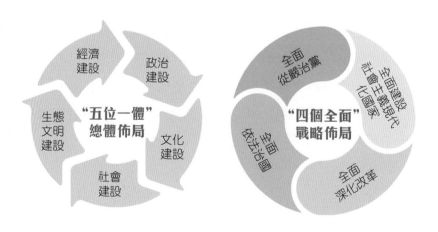

（五）明確全面深化改革總目標是完善和發展中國特色社會主義制度、推進國家治理體系和治理能力現代化

全面深化改革是"四個全面"戰略佈局中具有突破性和先導性的關鍵環節。黨的十八大以來，以習近平同志為核心的黨中央推進全面深化改革，改革呈現全面發力、多點突破、蹄疾步穩、縱深推進的態勢。全面深化改革總目標的提出，體現了以習近平同志為核心的黨中央宏闊深邃的歷史視野、高瞻遠矚的戰略眼光、堅定自信的使命擔當。

全面深化改革是一個複雜的系統工程，需要建立更高層面的領導機制。早在 2013 年 12 月，中央成立習近平任組長的中央全面深化改革領導小組（2018 年 3 月改為中央全面深化改革委員會），負責改革總體設計、統籌協調、整體推進、督促落實。這充分體現了黨中央對改革的高度重視，充分表明了黨中央的改革決心，有利於發揮黨總攬全

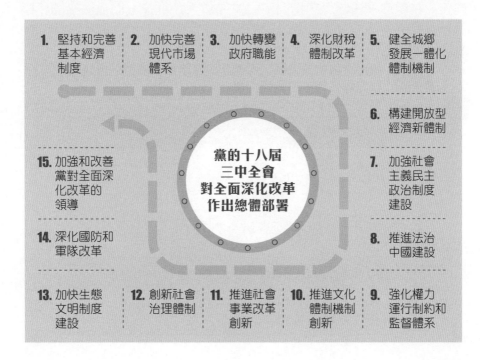

局、協調各方的領導核心作用，有利於確保改革的系統性、整體性、協同性，有利於保證全面深化改革的各項任務和各個環節落到實處。

（六）明確全面推進依法治國總目標是建設中國特色社會主義法治體系、建設社會主義法治國家

全面依法治國是中國特色社會主義的本質要求和重要保障。黨的十八大以來，以習近平同志為核心的黨中央從堅持和發展中國特色社會主義的全局和戰略高度定位法治、佈局法治、厲行法治，創造性提出了關於全面依法治國的一系列新理念新思想新戰略，形成了習近平法治思想，明確了全面依法治國的指導思想、發展道路、工作佈局、重點任務，實現了中國特色社會主義法治理論的重大突破、重大創新、重大發展。習近平總書記深刻指出："全面推進依法治國總目標是建設中國特色社會主義法治體系、建設社會主義法治國家。"這一總目標的提出，對全面推進依法治國具有舉旗定向、綱舉目張的重大意義。在習近平法治思想指引下，黨領導人民推進全面依法治國，堅

推進全面依法治國，發揮法治在國家治理體系和治理能力現代化中的積極作用

提高黨依法治國、依法執政能力

用法治保障人民當家作主

堅持和完善中國特色社會主義法治體系

更好發揮法治對改革發展穩定的引領、規範、保障作用

建設高素質法治工作隊伍

王晨（中共中央政治局委員，全國人大常委會副委員長、黨組副書記）：習近平法治思想是習近平新時代中國特色社會主義思想的重要組成部分，系統回答了新時代為什麼實行全面依法治國、怎樣實行全面依法治國等一系列重大問題，實現了馬克思主義法治理論中國化的新發展新飛躍……習近平法治思想為推進新時代全面依法治國和法治中國建設提供了科學理論指導、行動指南和根本遵循。我們要深入學習貫徹習近平法治思想，自覺用習近平法治思想武裝頭腦、指導實踐、推動工作，譜寫新時代全面依法治國新篇章。

定不移走中國特色社會主義法治道路，在法治軌道上推進國家治理體系和治理能力現代化，為全面建設社會主義現代化國家、實現中華民族偉大復興的中國夢提供有力法治保障。

（七）明確必須堅持和完善社會主義基本經濟制度，使市場在資源配置中起決定性作用，更好發揮政府作用，把握新發展階段，貫徹創新、協調、綠色、開放、共享的新發展理念，加快構建以國內大循環為主體、國內國際雙循環相互促進的新發展格局，推動高質量發展，統籌發展和安全

2013 年 11 月，黨的十八屆三中全會對全面深化改革作出全面規劃和部署，強調經濟體制改革的核心問題是處理好政府和市場的關係，使市場在資源配置中起決定性作用，更好發揮政府作用，實現了理論上的重大突破和實踐上的重大創新，為深化經濟體制改革指明了方向。黨的十八大以來，我國經濟體制改革全方位推進，在一些關鍵

性、基礎性改革上取得突破性進展。通過改革進一步健全市場機制，破除壟斷，發揮價格機制作用，進一步激發市場主體活力，發揮政府行政經濟調節、市場監管、社會管理、公共服務、生態環境保護中的作用，增強國有經濟活力、控制力、影響力和抗風險能力，激發非公有制經濟活力和創造力，為經濟發展注入了強大動力。

第一，準確把握新發展階段。我國正站在新的歷史起點上，全面建成小康社會的第一個百年奮鬥目標如期實現，進入全面建設社會主義現代化國家的新發展階段。新發展階段是實現第二個百年奮鬥目標、把民族復興偉業推向新境界的階段，是社會主義初級階段中的一個階段，同時是其中經過幾十年積累、站到了新的起點上的一個階段，是我們黨帶領人民迎來從站起來、富起來到強起來歷史性跨越的新階段。全面建設社會主義現代化國家、基本實現社會主義現代化，既是社會主義初級階段我國發展的要求，也是我國社會主義從初級階段向更高階段邁進的要求。

第二，全面貫徹新發展理念。新發展階段，必須完整、準確、全

 權威評論

劉鶴（中共中央政治局委員、國務院副總理）：習近平總書記指出，要堅持創新在我國現代化建設全局中的核心地位。黨中央把創新的重要性提升到前所未有的高度。創新驅動是高質量發展的一個定義性特徵，高質量發展就是創新作為第一動力的發展，只有創新驅動才能推動我國經濟從外延式擴張上升為內涵式發展。我們必須充分認識到，由於世情國情發生深刻變化，科技創新對中國來說不僅是發展問題，更是生存問題。成功跨越中等收入陷阱，關鍵在於能否實現由要素投入驅動向技術創新驅動的跨越。

面貫徹創新、協調、綠色、開放、共享的新發展理念，實現高質量發展。新發展理念是一個系統的理論體系，回答了關於發展的目的、動力、方式、路徑等一系列理論和實踐問題，闡明了中國共產黨關於發展的政治立場、價值導向、發展模式、發展道路等重大政治問題。必須把新發展理念作為指揮棒、紅綠燈，貫穿發展全過程和各領域，切實轉變發展方式，推動質量變革、效率變革、動力變革，實現更高質量、更有效率、更加公平、更可持續、更為安全的發展。必須更加注重共同富裕問題。黨的十九屆五中全會提出了"全體人民共同富裕取得更為明顯的實質性進展"的目標，突出強調了"紮實推動共同富裕"，這在黨的全會歷史上還是第一次。我們要始終把滿足人民對美好生活的新期待作為發展的出發點和落腳點，在實現現代化過程中不斷地、逐步地解決好共同富裕問題。要自覺主動解決地區差距、城鄉差距、收入差距等問題，堅持在發展中保障和改善民生，統籌做好就業、收入分配、教育、社保、醫療、住房、養老、扶幼等各方面工作，更加注重向農村、基層、欠發達地區傾斜，向困難群眾傾斜，促進社會公平正義，讓發展成果更多更公平惠及全體人民。

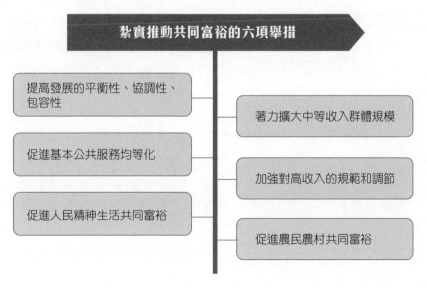

紮實推動共同富裕的六項舉措

提高發展的平衡性、協調性、包容性

著力擴大中等收入群體規模

促進基本公共服務均等化

加強對高收入的規範和調節

促進人民精神生活共同富裕

促進農民農村共同富裕

第三，加快構建新發展格局。構建新發展格局，是適應我國經濟發展階段變化的主動選擇，是我國經濟現代化的路徑選擇，是關係我國發展全局的重大戰略任務，是於變局中開新局、塑造全面建設社會主義現代化新優勢的重大戰略。這是把握未來發展主動權的戰略性佈局和先手棋，是新發展階段要著力推動完成的重大歷史任務，也是貫徹新發展理念的重大舉措。構建新發展格局是開放的國內國際雙循環，不是封閉的國內單循環，要通過發揮內需潛力，使國內市場和國際市場更好聯通，以國內大循環吸引全球資源要素，更好利用國內國際兩個市場、兩種資源，提高在全球配置資源能力，更好爭取開放發展中的戰略主動，形成參與國際經濟合作和競爭新優勢。構建新發展格局是以全國統一大市場基礎上的國內大循環為主體，不是各地都搞自我小循環。構建新發展格局關鍵在於經濟循環的暢通無阻，最本質的特徵是實現高水平的自立自強。

進入新發展階段、貫徹新發展理念、構建新發展格局，是由我國經濟社會發展的理論邏輯、歷史邏輯、現實邏輯決定的，三者緊密關聯。進入新發展階段明確了我國發展的歷史方位，貫徹新發展理念明確了我國現代化建設的指導原則，構建新發展格局明確了我國經濟現代化的路徑選擇。把握新發展階段是貫徹新發展理念、構建新發展格局的現實依據，貫徹新發展理念為把握新發展階段、構建新發展格局提供了行動指南，構建新發展格局則是應對新發展階段機遇和挑戰、貫徹新發展理念的戰略選擇。

（八）明確黨在新時代的強軍目標是建設一支聽黨指揮、能打勝仗、作風優良的人民軍隊，把人民軍隊建設成為世界一流軍隊

當今世界正經歷百年未有之大變局，國際戰略格局深刻演變，國際軍事競爭日趨激烈，中國正處在由大向強發展的關鍵階段。強國必須強軍，軍強才能國安。習近平主席從實現中華民族偉大復興的

戰略高度，敏銳把握世界新軍事革命發展動向，統籌謀劃新時代國防和軍隊現代化建設的一系列重大問題。2012 年 12 月，他在會見駐廣州部隊師以上領導幹部時，首次提出"強軍夢"，指出，強國夢，對於軍隊來講，也是強軍夢。我們要實現中華民族偉大復興，要堅持富國和強軍相統一，建設鞏固國防和強大軍隊。實現強軍夢，必須明確回答新時代建設一支什麼樣的強大人民軍隊、怎樣建設強大人民軍隊這個問題。2012 年底，習近平主席在中央軍委擴大會議上提出，為建設一支聽黨指揮、能打勝仗、作風優良的人民軍隊而奮鬥。2013 年 3 月，在參加十二屆全國人大一次會議解放軍代表團全體會議時，他明確指出，建設一支聽黨指揮、能打勝仗、作風優良的人民軍隊，是黨在新形勢下的強軍目標。2016 年 2 月，習近平主席在中央軍委擴大會議上進一步提出了實現強軍目標、建設世界一流軍隊的要求。

在強軍目標中，聽黨指揮是靈魂，決定軍隊建設的政治方向；能打勝仗是核心，反映軍隊的根本職能和軍隊建設的根本指向；作風優良是保證，關係軍隊的性質、宗旨、本色。強軍目標明確了加強軍隊建設的聚焦點和著力點，體現了堅持黨的建軍原則、軍隊根本職能、特有政治優勢的高度統一，是黨中央從全局上對國防和軍隊建設作出的戰略規劃和頂層設計，是黨在新時代建軍治軍的總方略。

（九）明確中國特色大國外交要服務民族復興、促進人類進步，推動建設新型國際關係，推動構建人類命運共同體

21 世紀的第三個十年，世界多極化、經濟全球化、社會信息化、文化多樣化將深入發展，新興市場國家和發展中國家將快速崛起，國際力量對比更趨均衡，全球治理體系深刻重塑，國際格局加速演變，世界處於大變革大調整之中。中國與世界的關係發生深刻變化，前所未有地走近世界舞台中央，與世界的互聯互動空前緊密，中

華民族偉大復興進入了關鍵時期。世界與中國的發展變化同步交織、相互激蕩，中國外交站在了新的歷史起點上。面對世界百年未有之大變局，黨中央精心謀劃我國外交工作，強調必須統籌國內國際兩個大局，完善外交總體佈局，全方位推進大國、周邊、發展中國家、多邊外交和各領域外交工作，為全面建成小康社會爭取良好的國際環境。2014 年 11 月，習近平總書記在中央外事工作會議上明確提出了推進中國特色大國外交的戰略思想。他指出，中國必須有自己特色的大國外交。我們要在總結實踐經驗的基礎上，豐富和發展對外工作理念，使我國對外工作有鮮明的中國特色、中國風格、中國氣派。黨中央全面推進中國特色大國外交，全方位外交佈局深入展開：倡導構建人類命運共同體，實施共建"一帶一路"倡議，發起創辦亞洲基礎設施投資銀行，設立絲路基金，舉辦"一帶一路"國際合作高峰論壇等多場多邊會議，促進全球治理體系變革。我國國際影響力、感召力、塑造

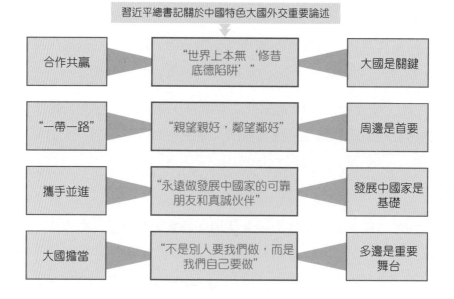

中國特色大國外交

力進一步提高，塑造了中國外交獨特風範，走出了一條中國特色大國外交新路，為實現中華民族偉大復興的中國夢營造了良好外部環境，為世界和平與發展作出了新的重大貢獻。

在世界百年未有之大變局的演化過程中，人類面臨許多共同的風險和挑戰。霸權主義、強權政治和新干涉主義有所上升，保護主義、單邊主義不斷抬頭，戰亂恐襲、饑荒疫情此伏彼現，傳統安全和非傳統安全問題複雜交織，世界充滿不確定性。人們對人類的未來感到擔憂，希望有新的智慧提供新的解決方案。2013 年 3 月，習近平主席在莫斯科國際關係學院發表演講，倡導構建人類命運共同體。之後在一系列重大國際場合，習近平主席對構建人類命運共同體理念進行了深入闡述。構建人類命運共同體理念集中了中華優秀傳統文化智慧，體現了全人類共同的願望和追求，反映了世界各國人民對和平、發展、繁榮嚮往的必然趨勢，成為引領時代潮流和人類文明進步的鮮明旗

權威評論

王毅（國務委員兼外交部部長）：推動構建人類命運共同體是習近平總書記在慶祝中國共產黨成立 100 週年大會重要講話中作出的"九個必須"戰略部署之一，是我們開展中國特色大國外交的總目標。黨的十九屆六中全會指出，構建人類命運共同體成為引領時代潮流和人類前進方向的鮮明旗幟。要以更加遠大的目光、更加開闊的胸襟、更加從容的氣度，主動參與謀劃國際事務。堅定維護《聯合國憲章》的宗旨和原則，推動全球治理體系的改革和建設。遵循國際關係基本準則，捍衛國際公平正義，反對冷戰思維和零和博弈，抵制霸權主義和強權政治。弘揚踐行真正的多邊主義，為構建人類命運共同體凝聚更大共識，匯聚更大力量。

幟，是為解決人類面臨的各種複雜問題貢獻的中國智慧和中國方案，得到國際社會的廣泛認同。2017 年 3 月，"構建人類命運共同體"被寫入聯合國安理會第 2344 號決議。

（十）明確全面從嚴治黨的戰略方針，提出新時代黨的建設總要求，全面推進黨的政治建設、思想建設、組織建設、作風建設、紀律建設，把制度建設貫穿其中，深入推進反腐敗鬥爭，落實管黨治黨政治責任，以偉大自我革命引領偉大社會革命

全面從嚴治黨是"四個全面"戰略佈局的根本保證，是黨的十八大以來黨中央抓黨的建設的鮮明主題。習近平總書記指出，新的歷史條件下，我們要更好進行具有許多新的歷史特點的偉大鬥爭、推進中國特色社會主義偉大事業，就必須以更大力度推進黨的建設新的偉大工程，堅定不移推進全面從嚴治黨，切實把黨建設好、管理好。全面

 權威評論

趙樂際（中共中央政治局常委、中央紀委書記）：《決議》用"十個明確"精闢概括習近平新時代中國特色社會主義思想豐富內涵，將"以偉大自我革命引領偉大社會革命"作為重要內容，深刻揭示自我革命和社會革命相伴相隨、互促共進的辯證關係，充分體現中國共產黨人在改造客觀世界的同時自覺改造主觀世界，從而更好改造客觀世界的歷史主動……習近平總書記關於以偉大自我革命引領偉大社會革命的戰略思想，繼承發展馬克思主義建黨學說，深刻總結黨的歷史經驗特別是新時代全面從嚴治黨實踐經驗，彰顯了中國共產黨人的初心使命、政治擔當、歷史自覺，具有深刻思想內涵和重大時代價值。

從嚴治黨永遠在路上，不能有任何喘口氣、歇歇腳的念頭。必須始終保持思想上的冷靜清醒、增強行動上的勇毅執著，堅定全面從嚴治黨的政治自覺，不斷推動全面從嚴治黨向縱深發展。

新時代黨的建設總要求是：堅持和加強黨的全面領導，堅持黨要管黨、全面從嚴治黨，以加強黨的長期執政能力建設、先進性和純潔性建設為主線，以黨的政治建設為統領，以堅定理想信念宗旨為根基，以調動全黨積極性、主動性、創造性為著力點，全面推進黨的政治建設、思想建設、組織建設、作風建設、紀律建設，把制度建設貫穿其中，深入推進反腐敗鬥爭，不斷提高黨的建設質量，把黨建設成為始終走在時代前列、人民衷心擁護、勇於自我革命、經得起各種風浪考驗、朝氣蓬勃的馬克思主義執政黨。

新時代黨的建設的重點任務包括：把黨的政治建設擺在首位，用習近平新時代中國特色社會主義思想武裝全黨，建設高素質專業化幹部隊伍，加強基層組織建設，持之以恆正風肅紀，反腐敗鬥爭取得壓倒性勝利並全面鞏固，健全黨和國家監督體系，全面增強執政本領。

三、習近平新時代中國特色社會主義思想 實現了馬克思主義中國化新的飛躍

習近平同志對關係新時代黨和國家事業發展的一系列重大理論和實踐問題進行了深邃思考和科學判斷，就新時代堅持和發展什麼樣的中國特色社會主義、怎樣堅持和發展中國特色社會主義，建設什麼樣的社會主義現代化強國、怎樣建設社會主義現代化強國，建設什麼樣的長期執政的馬克思主義政黨、怎樣建設長期執政的馬克思主義政黨等重大時代課題，提出一系列原創性的治國理政新理念新思想新戰略，是習近平新時代中國特色社會主義思想的主要創立者。習近平新

習近平新時代中國特色社會主義思想

● 實現了馬克思主義中國化新的飛躍

● 就新時代堅持和發展什麼樣的中國特色社會主義、怎樣堅持和發展中國特色社會主義，建設什麼樣的社會主義現代化強國、怎樣建設社會主義現代化強國，建設什麼樣的長期執政的馬克思主義政黨、怎樣建設長期執政的馬克思主義政黨等重大時代課題，提出一系列原創性的治國理政新理念新思想新戰略，其核心內容可概括為"十個明確"

● 是當代中國馬克思主義、21世紀馬克思主義，是中華文化和中國精神的時代精華

時代中國特色社會主義思想是當代中國馬克思主義、21世紀馬克思主義，是中華文化和中國精神的時代精華，實現了馬克思主義中國化新的飛躍。

習近平新時代中國特色社會主義思想一以貫之堅持馬克思主義，在當代中國、在21世紀的世界高高舉起了馬克思主義的光輝旗幟。馬克思主義深刻揭示了自然界、人類社會和人類思維發展的普遍規律，是指導人類社會發展進步的科學真理。儘管今天我們所處的時代同馬克思所處的時代相比發生了巨大而深刻的變化，但我們依然處在馬克思主義所指明的歷史時代。習近平新時代中國特色社會主義思

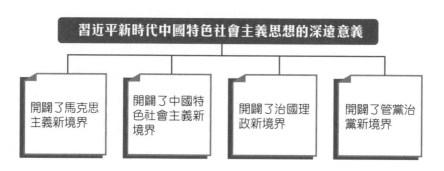

習近平新時代中國特色社會主義思想的深遠意義

| 開闢了馬克思主義新境界 | 開闢了中國特色社會主義新境界 | 開闢了治國理政新境界 | 開闢了管黨治黨新境界 |

想，始終堅持以馬克思主義基本原理為指導，始終堅持解放思想、實事求是、與時俱進這一馬克思主義活的靈魂，始終堅持把馬克思主義作為我們黨和國家的指導思想，強調對馬克思主義的信仰、對社會主義和共產主義的信念，是共產黨人的政治靈魂，是共產黨人經受住任何考驗的精神支柱。習近平新時代中國特色社會主義思想，集中體現了馬克思主義鮮明的理論品格和精神實質，充分彰顯了當代中國共產黨人強大的政治定力和理論自信。

習近平新時代中國特色社會主義思想為發展馬克思主義作出了原創性貢獻。這一思想是不斷發展的開放的理論，是在理論與實踐相結合的基礎上不斷與時俱進的科學理論，在指導新時代偉大社會革命和偉大自我革命的歷史進程中，隨著中國特色社會主義偉大實踐的深入推進而持續發展、不斷豐富、更加完善。實踐永無止境，理論創新也永無止境，習近平新時代中國特色社會主義思想作為當代中國馬克思主義、21 世紀馬克思主義，必然隨著時代的變化和實踐的發展不斷實現創新發展。

 權威評論

黃坤明（中共中央政治局委員、中央書記處書記、中央宣傳部部長）：習近平新時代中國特色社會主義思想是堅定自覺堅持和發展馬克思主義的典範，是堅持“兩個結合”、勇於推進理論創新的產物，賦予馬克思主義鮮明的實踐特色、民族特色、時代特色，是當代中國馬克思主義、二十一世紀馬克思主義……這一思想是在堅定推進具有許多新的歷史特點的偉大鬥爭中，在中華民族迎來從站起來、富起來到強起來的偉大飛躍中形成並不斷豐富發展的科學理論。

四、"兩個確立"的歷史意義

　　黨確立習近平同志黨中央的核心、全黨的核心地位，確立習近平新時代中國特色社會主義思想的指導地位，反映了全黨全軍全國各族人民共同心願，對新時代黨和國家事業發展、對推進中華民族偉大復興歷史進程具有決定性意義。

　　堅強的領導核心和科學的理論指導，是關乎黨和國家前途命運、黨和人民事業成敗的根本性問題。黨的十八大以來，黨和國家事業取得歷史性成就、發生歷史性變革，根本在於有以習近平同志為核心的黨中央領航掌舵，有習近平新時代中國特色社會主義思想指引航向。"兩個確立"，符合全黨全軍全國各族人民的共同願望，同時也具有充分的理論依據。

　　第一，確立習近平同志黨中央的核心、全黨的核心地位是時代呼喚、歷史選擇、民心所向。中國共產黨是擁有 9500 多萬名黨員的大黨，中國是擁有 56 個民族和 14 億多人口的大國，只有有了黨中央這個核心，才能凝聚在一起，才能獲得成功。黨的百年歷史實踐證明，

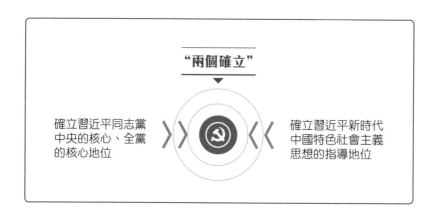

"兩個確立"

確立習近平同志黨中央的核心、全黨的核心地位　　確立習近平新時代中國特色社會主義思想的指導地位

黨必須有一個正確的堅強的領導核心。在把毛澤東同志確立為黨的核心之前，我們黨的事業屢受挫折，其中一個根本原因就是沒有形成一個成熟的穩定的領導核心。黨的十八大以來，在治國理政新實踐中，習近平總書記作為黨、國家和軍隊的最高領導人，展現出堅定信仰信念、鮮明人民立場、非凡政治智慧、頑強意志品質、強烈歷史擔當、高超政治藝術，贏得了全黨全軍全國各族人民衷心擁護，受到了國際社會高度讚譽。他把握時代大趨勢，回答實踐新要求，順應人民新期待，提出一系列重大思想觀點，進一步豐富和發展了黨的科學理論，

 權威評論

辛鳴〔中共中央黨校（國家行政學院）教授〕：偉大復興要有堅強領導核心的引領，要有科學理論的指導。黨的十九屆六中全會明確提出"兩個確立"，這是中華民族偉大復興的重要政治保障和思想保證，也充分體現了中國共產黨作為馬克思主義政黨對遵循政黨建設規律、擔當政黨歷史使命的高度自覺……習近平總書記成為全黨擁護、人民愛戴、當之無愧的黨的領袖，是在引領偉大時代、領導偉大鬥爭的實踐中形成的……習近平新時代中國特色社會主義思想指導地位的確立，為增進全黨全國各族人民團結統一提供了堅實思想基礎，讓中華民族偉大復興有了思想旗幟，有了理論武裝，有了銳利武器。更加激發出了蘊藏在中國人民身上巨大的精神主動和前進的磅礴力量，更加激發出全黨統一思想、統一意志、統一行動的自覺與堅定。在以習近平同志為核心的黨中央堅強有力領導下，在習近平新時代中國特色社會主義思想指引下，中國共產黨、中國人民和中華民族必將在新時代新征程上贏得更加偉大的勝利和榮光！

為在新的歷史起點上實現新的奮鬥目標提供了基本遵循。在新的鬥爭實踐中，習近平同志已經成為黨中央的核心、全黨的核心。實踐證明，選擇習近平同志為黨中央的核心、全黨的核心，是正確的，體現了全黨全國人民的共同意願，是來之不易的，需要我們倍加珍惜、堅決擁護和衷心愛戴。

第二，確立習近平新時代中國特色社會主義思想的指導地位是歷史的必然要求。只有具有科學理論指導的政黨，才能掌握真理的力量；只有具有科學理論指導的事業，才能奔向光明的前途。我們黨100年來不斷從勝利走向勝利的最根本原因，就在於堅持把馬克思主義基本原理同中國具體實際相結合，不斷推進理論創新，並用馬克思主義中國化的最新成果指導實踐。習近平新時代中國特色社會主義思想，是當代中國馬克思主義的最新成果，是 21 世紀馬克思主義的最新發展，為黨帶領中國人民實現民族復興的偉業提供了最新的科學理論指導。確立習近平新時代中國特色社會主義思想的指導地位，我們黨才能在中華民族偉大復興戰略全局和世界百年未有之大變局中，始終堅持正確的前進方向，帶領全國各族人民不斷開闢中華民族偉大復興的光明前景。

五、新時代黨和國家事業取得的歷史性成就

改革開放以後，黨和國家事業取得重大成就，為新時代發展中國特色社會主義事業奠定了堅實基礎、創造了有利條件。同時，黨清醒認識到，外部環境變化帶來許多新的風險挑戰，國內改革發展穩定面臨不少長期沒有解決的深層次矛盾和問題以及新出現的一些矛盾和問題，管黨治黨一度寬鬆軟帶來黨內消極腐敗現象蔓延、政治生態出現嚴重問題，黨群幹群關係受到損害，黨的創造力、凝聚力、戰鬥力受

到削弱，黨治國理政面臨重大考驗。

以習近平同志為核心的黨中央，以偉大的歷史主動精神、巨大的政治勇氣、強烈的責任擔當，統籌國內國際兩個大局，貫徹黨的基本理論、基本路線、基本方略，統攬偉大鬥爭、偉大工程、偉大事業、偉大夢想，堅持穩中求進工作總基調，出台一系列重大方針政策，推出一系列重大舉措，推進一系列重大工作，戰勝一系列重大風險挑戰，解決了許多長期想解決而沒有解決的難題，辦成了許多過去想辦而沒有辦成的大事，推動黨和國家事業取得歷史性成就、發生歷史性變革。

《決議》從 13 個方面分領域總結新時代黨領導人民取得的重大成就，重點總結 9 年來的原創性思想、變革性實踐、突破性進展、標誌性成果。

新時代黨和國家事業取得的歷史性成就

1. 在堅持黨的全面領導上
2. 在全面從嚴治黨上
3. 在經濟建設上
4. 在全面深化改革開放上
5. 在政治建設上
6. 在全面依法治國上
7. 在文化建設上
8. 在社會建設上
9. 在生態文明建設上
10. 在國防和軍隊建設上
11. 在維護國家安全上
12. 在堅持“一國兩制”和推進祖國統一上
13. 在外交工作上

（一）在堅持黨的全面領導上

改革開放以後，黨為加強和改善黨的領導進行持續努力，為黨和國家事業發展提供了根本政治保證。同時，黨內也存在不少對堅持黨的領導認識模糊、行動乏力問題，存在不少落實黨的領導弱化、虛化、淡化、邊緣化問題，特別是對黨中央重大決策部署執行不力，有的搞上有政策、下有對策，甚至口是心非、擅自行事。以習近平同志為核心的黨中央旗幟鮮明提出，黨的領導是黨和國家的根本所在、命脈所在，是全國各族人民的利益所繫、命運所繫，全黨必須自覺在思想上政治上行動上同黨中央保持高度一致，提高科學執政、民主執政、依法執政水平，提高把方向、謀大局、定政策、促改革的能力，確保充分發揮黨總攬全局、協調各方的領導核心作用。

中國特色社會主義進入新時代，黨的領導全面加強，"兩個維護"成為全黨在革命性鍛造中形成的共同意志，成為黨的十八大以來我們

 權威聲音

習近平（中共中央總書記、國家主席、中央軍委主席）：實現中華民族偉大復興，必須堅持中國共產黨領導。辦好中國的事情，關鍵在黨……如果沒有中國共產黨領導，完成民族獨立和解放的任務就可能拖得更久、付出的代價更大，我們的國家更不可能取得今天這樣的發展成就、更不可能具有今天這樣的國際地位。堅持黨的全面領導，是國家和民族興旺發達的根本所在，是全國各族人民幸福安康的根本所在。我們要聚精會神抓好黨的建設，使我們黨越來越成熟、越來越純潔、越來越強大、越來越有戰鬥力。全國各黨派、各團體、各民族、各階層、各界人士要緊密團結在黨中央周圍，萬眾一心向前進。

黨最寶貴的重大政治成果。針對一段時期以來黨內存在不少落實黨的領導弱化、虛化、淡化、邊緣化問題，以習近平同志為核心的黨中央旗幟鮮明提出，中國共產黨領導是中國特色社會主義最本質的特徵，是中國特色社會主義制度的最大優勢；堅持和加強黨的全面領導，首先要維護黨中央權威和集中統一領導，全黨必須自覺增強"四個意識"、堅定"四個自信"、做到"兩個維護"。黨堅持唯物史觀和正確黨史觀，正確認識改革開放前和改革開放後黨的歷史，旗幟鮮明反對歷史虛無主義，堅決維護習近平同志黨中央的核心、全黨的核心地位。習近平總書記在紀念毛澤東同志誕辰 120 週年座談會上的講話和在紀念鄧小平同志誕辰 110 週年座談會上的講話中，分別高度評價了毛澤東同志、鄧小平同志的歷史功績，明確提出了評價歷史人物和革命領袖的歷史唯物主義方法論原則，堅決防止在重大問題上犯顛覆性錯誤。黨的十八大以來，以習近平同志為核心的黨中央，健全黨總攬全局、協調各方的領導制度體系，強化"兩個維護"的制度保障，深化黨和國家機構改革，建立健全黨中央對重大工作的領導體制，完善推動黨中央重大決策落實機制；強化政治監督，深化政治巡視，嚴明黨的政治紀律和政治規矩，推動營造風清氣正的良好政治生態。堅決查處周永康、薄熙來、孫政才、令計劃等嚴重違紀違法案件，清除了黨內政治隱患。這些根本性、開創性、重塑性的重大舉措，都全面加強了黨的領導，有力維護了黨的領導核心和黨中央權威。

黨明確提出，黨的領導是全面的、系統的、整體的，保證黨的團結統一是黨的生命；黨中央集中統一領導是黨的領導的最高原則，加強和維護黨中央集中統一領導是全黨共同的政治責任，堅持黨的領導首先要旗幟鮮明講政治，保證全黨服從中央。

中國共產黨的領導是中國特色社會主義最本質的特徵，是中國特色社會主義制度的最大優勢。黨政軍民學，東西南北中，黨是領導一切的。黨章寫入這一重大政治原則，有利於增強全黨的意識，實現全黨思想上統一、政治上團結、行動上一致，提高黨的創造力、凝聚力、戰鬥力，確保黨總攬全局、協調各方，為做好黨和國家各項工作提供了根本政治保證。

黨的領導是"全面的、系統的、整體的"，意味著在範圍上要黨的領導更加廣泛，而且也必須是全面的、系統的、整體的，而不是片面的、局部的，哪個領域、哪個方面、哪個環節、哪個部門都不應該弱化黨的領導力量。

黨的十八屆六中全會通過關於新形勢下黨內政治生活的若干準則，黨中央出台中央政治局加強和維護黨中央集中統一領導的若干規定，嚴明黨的政治紀律和政治規矩，防止和反對個人主義、分散主義、自由主義、本位主義、好人主義等，發展積極健康的黨內政治文化，推動營造風清氣正的良好政治生態。黨中央要求黨的領導幹部提高政治判斷力、政治領悟力、政治執行力，胸懷"國之大者"，對黨

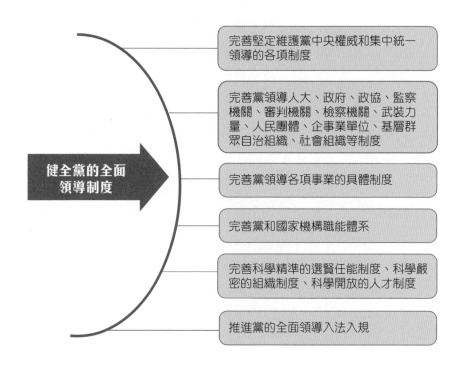

忠誠、聽黨指揮、為黨盡責。黨健全黨的領導制度體系，完善黨領導人大、政府、政協、監察機關、審判機關、檢察機關、武裝力量、人民團體、企事業單位、基層群眾性自治組織、社會組織等制度，確保黨在各種組織中發揮領導作用。黨堅持民主集中制，建立健全黨對重大工作的領導體制，強化黨中央決策議事協調機構職能作用，完善推動黨中央重大決策落實機制，嚴格執行向黨中央請示報告制度，強化政治監督，深化政治巡視，查處違背黨的路線方針政策、破壞黨的集中統一領導問題，清除"兩面人"，保證全黨在政治立場、政治方向、政治原則、政治道路上同黨中央保持高度一致。

深閱讀

　　黨的十八大以來，以習近平同志為核心的黨中央把加強和維護黨中央權威和集中統一領導作為黨的政治建設的首要任務，不斷完善堅持黨的領導的體制機制，大力嚴明黨的政治紀律和政治規矩，相繼制定或修訂了《關於新形勢下黨內政治生活的若干準則》《中國共產黨黨內監督條例》《中共中央政治局關於加強和維護黨中央集中統一領導的若干規定》《中國共產黨重大事項請示報告條例》《中國共產黨黨組工作條例》等，從制度上保證黨的領導全覆蓋和中央集中統一領導更加堅強有力。同時，以習近平同志為核心的黨中央還作出一系列重大制度性安排，比如，中央書記處和中央紀律檢查委員會、全國人大常委會黨組、國務院黨組、全國政協黨組、最高人民法院黨組、最高人民檢察院黨組每年向中央政治局常委會、中央政治局報告工作，中央政治局同志每年向黨中央和習近平總書記書面述職，健全一系列中央決策議事協調機構工作機制等。

《決議》對黨的十八大以來完善黨的領導制度體系一系列措施進行了詳細介紹，堅持新時代黨的領導制度體系的進一步堅持和完善，使黨的領導制度體系全面系統、科學規範、運行有效，更加成熟、更加定型、更加豐富，全黨的制度執行能力不斷提升，黨的創造力、凝聚力、戰鬥力不斷增強，使我們黨在新時代更好地承擔起光榮而艱巨的歷史使命，為全面實現第二個百年奮鬥目標和中華民族偉大復興中國夢提供有力的制度保障和堅強的政治保證。

黨的十八大以來，黨中央權威和集中統一領導得到有力保證，黨的領導制度體系不斷完善，黨的領導方式更加科學，全黨思想上更加統一、政治上更加團結、行動上更加一致，黨的政治領導力、思想引領力、群眾組織力、社會號召力顯著增強。

（二）在全面從嚴治黨上

改革開放以後，黨堅持黨要管黨、從嚴治黨，推進黨的建設取得明顯成效。同時，由於一度出現管黨不力、治黨不嚴問題，有些黨員、幹部政治信仰出現嚴重危機，一些地方和部門選人用人風氣不正，形式主義、官僚主義、享樂主義和奢靡之風盛行，特權思想和特權現象較為普遍存在。特別是搞任人唯親、排斥異己的有之，搞團團伙伙、拉幫結派的有之，搞匿名誣告、製造謠言的有之，搞收買人心、拉動選票的有之，搞封官許願、彈冠相慶的有之，搞自行其是、陽奉陰違的有之，搞尾大不掉、妄議中央的也有之，政治問題和經濟問題相互交織，貪腐程度觸目驚心。這"七個有之"問題嚴重影響黨的形象和威信，嚴重損害黨群幹群關係，引起廣大黨員、幹部、群眾強烈不滿和義憤。習近平同志強調，打鐵必須自身硬，辦好中國的事情，關鍵在黨，關鍵在黨要管黨、全面從嚴治黨。必須以加強黨的長期執政能力建設、先進性和純潔性建設為主線，以黨的政治建設為統領，以堅定理想信念宗旨為根基，以調動全黨積極性、主動性、創造

習近平（中共中央總書記、國家主席、中央軍委主席）：新的征程上，我們要牢記打鐵必須自身硬的道理，增強全面從嚴治黨永遠在路上的政治自覺，以黨的政治建設為統領，繼續推進新時代黨的建設新的偉大工程，不斷嚴密黨的組織體系，著力建設德才兼備的高素質幹部隊伍，堅定不移推進黨風廉政建設和反腐敗鬥爭，堅決清除一切損害黨的先進性和純潔性的因素，清除一切侵蝕黨的健康肌體的病毒，確保黨不變質、不變色、不變味，確保黨在新時代堅持和發展中國特色社會主義的歷史進程中始終成為堅強領導核心！

性為著力點，不斷提高黨的建設質量，把黨建設成為始終走在時代前列、人民衷心擁護、勇於自我革命、經得起各種風浪考驗、朝氣蓬勃的馬克思主義執政黨。黨以永遠在路上的清醒和堅定，堅持嚴的主基調，突出抓住"關鍵少數"，落實主體責任和監督責任，強化監督執紀問責，把全面從嚴治黨貫穿於黨的建設各方面。黨中央召開各領域黨建工作會議作出有力部署，推動黨的建設全面進步。

習近平總書記針對"七個有之"問題多次強調："這些問題往往沒有引起一些地方和部門黨組織的注意，發現了問題也沒有上升到黨紀國法高度來認識和處理。這是不對的，必須加以糾正。"

黨中央強調，我們黨來自人民、植根人民、服務人民，一旦脫離群眾就會失去生命力，全面從嚴治黨必須從人民群眾反映強烈的作風問題抓起。黨中央從制定和落實中央八項規定破題，堅持從中央政治局做起、從領導幹部抓起，以上率下改進工作作風。中央政治局每年召開民主生活會，聽取貫徹執行八項規定情況匯報，開展批評和自我

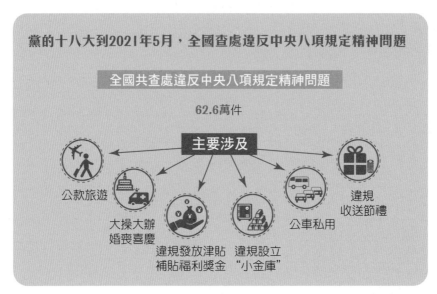

資料來源：央視網

批評。黨中央發揚釘釘子精神，持之以恆糾治"四風"，反對特權思想和特權現象，狠剎公款送禮、公款吃喝、公款旅遊、奢侈浪費等不正之風，解決群眾反映強烈、損害群眾利益的突出問題，推進基層減負，倡導勤儉節約、反對鋪張浪費，剎住了一些過去被認為不可能剎住的歪風，糾治了一些多年未除的頑瘴痼疾，黨風政風和社會風氣為之一新。

黨的作風是黨的形象，是觀察黨群幹群關係、人心向背的晴雨表。黨的作風正，人民的心氣順，黨和人民就能同甘共苦。實踐證明，只要真管真嚴、敢管敢嚴，黨風建設就沒有什麼解決不了的問題。

黨歷來強調，全黨必須做到理想信念堅定、組織體系嚴密、紀律規矩嚴明。馬克思主義信仰、共產主義遠大理想、中國特色社會主義共同理想，是中國共產黨人的精神支柱和政治靈魂，也是保持黨的團結統一的思想基礎。黨中央強調，理想信念是共產黨人精神上的"鈣"，共產黨人如果沒有理想信念，精神上就會"缺鈣"，就會得

"軟骨病"，必然導致政治上變質、經濟上貪婪、道德上墮落、生活上腐化。黨堅持思想建黨和制度治黨同向發力，先後開展黨的群眾路線教育實踐活動、"嚴以修身、嚴以用權、嚴以律己，謀事要實、創業要實、做人要實"專題教育、"學黨章黨規、學系列講話，做合格黨員"學習教育、"不忘初心、牢記使命"主題教育、黨史學習教育等，用黨的創新理論武裝全黨，推進學習型政黨建設，教育引導廣大黨員、幹部特別是領導幹部從思想上正本清源、固本培元，築牢信仰之基、補足精神之鈣、把穩思想之舵，保持共產黨人政治本色，挺起共產黨人的精神脊樑。黨提出和貫徹新時代黨的組織路線，明確信念堅定、為民服務、勤政務實、敢於擔當、清正廉潔的新時代好幹部標準，突出政治素質要求、樹立正確用人導向，堅持德才兼備、以德為先，堅持五湖四海、任人唯賢，堅持事業為上、公道正派，堅持不唯票、不唯分、不唯生產總值、不唯年齡，不搞"海推"、"海選"，強化黨組織領導和把關作用，糾正選人用人上的不正之風。黨要求各級領導幹部解決好世界觀、人生觀、價值觀這個"總開關"問題，珍惜權力、管好權力、慎用權力，自覺接受各方面監督，時刻想著為黨分憂、為國奉獻、為民造福。黨堅持黨管人才原則，實行更加積極、更加開放、更加有效的人才政策，深入實施新時代人才強國戰略，加快建設世界重要人才中心和創新高地，聚天下英才而用之。黨不斷健全組織體系，以提升組織力為重點，增強黨組織政治功能和組織功能，樹立大抓基層的鮮明導向，推動黨的組織和黨的工作全覆蓋。黨堅持紀嚴於法、執紀執法貫通，用好監督執紀"四種形態"，強化政治紀律和組織紀律，帶動各項紀律全面嚴起來。黨堅持依規治黨，嚴格遵守黨章，形成比較完善的黨內法規體系，嚴格制度執行，黨的建設科學化、制度化、規範化水平明顯提高。

理想信念堅定、組織體系嚴密、紀律規矩嚴明三者聯繫密切，相互協調，共同產生作用。堅定理想信念，堅守共產黨人精神追求，始終是共產黨人安身立命的根本。嚴密的組織體系是黨的強大優勢，黨嚴密的組織體系，是世界上任何其他政黨都不具有的，是黨進行偉大鬥爭、建設偉大工程、推進偉大事業、實現偉大夢想的堅強保證。紀律和規矩嚴明是黨的光榮傳統和獨特優勢。我們黨是靠革命理想和鐵的紀律組織起來的馬克思主義政黨。如果不嚴明紀律和規矩，黨的凝聚力和戰鬥力就會大大削弱，黨的領導能力和執政能力就會大大削弱。

黨中央強調，腐敗是黨長期執政的最大威脅，反腐敗是一場輸不起也決不能輸的重大政治鬥爭，不得罪成百上千的腐敗分子，就要得罪 14 億人民，必須把權力關進制度的籠子裏，依紀依法設定權力、規範權力、制約權力、監督權力。黨堅持不敢腐、不能腐、不想腐一體推進，懲治震懾、制度約束、提高覺悟一體發力，確保黨和人民賦予的權力始終用來為人民謀幸福。堅持無禁區、全覆蓋、零容忍，堅持重遏制、強高壓、長震懾，堅持受賄行賄一起查，堅持有案必查、有腐必懲，以猛藥去屙、重典治亂的決心，以刮骨療毒、壯士斷腕的

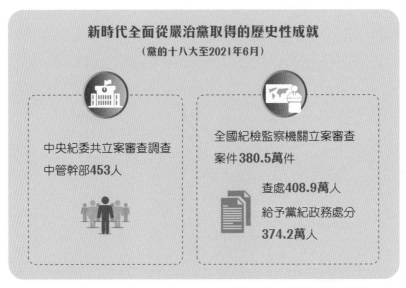

資料來源：《中國紀檢監察報》

勇氣，堅定不移"打虎"、"拍蠅"、"獵狐"。堅決整治群眾身邊腐敗問題，深入開展國際追逃追贓，清除一切腐敗分子。黨聚焦政治問題和經濟問題交織的腐敗案件，防止黨內形成利益集團，查處周永康、薄熙來、孫政才、令計劃等嚴重違紀違法案件。黨領導完善黨和國家監督體系，推動設立國家監察委員會和地方各級監察委員會，構建巡視巡察上下聯動格局，構建以黨內監督為主導、各類監督貫通協調的機制，加強對權力運行的制約和監督。

黨的十八大以來，經過堅決鬥爭，全面從嚴治黨的政治引領和政治保障作用充分發揮，黨的自我淨化、自我完善、自我革新、自我提高能力顯著增強，管黨治黨寬鬆軟狀況得到根本扭轉，反腐敗鬥爭取得壓倒性勝利並全面鞏固，消除了黨、國家、軍隊內部存在的嚴重隱患，黨在革命性鍛造中更加堅強。

（三）在經濟建設上

改革開放以後，黨扭住經濟建設這個中心，領導人民埋頭苦幹，創造出經濟快速發展奇跡，國家經濟實力大幅躍升。同時，由於一些地方和部門存在片面追求速度規模、發展方式粗放等問題，加上國際金融危機後世界經濟持續低迷影響，經濟結構性體制性矛盾不斷積累，發展不平衡、不協調、不可持續問題十分突出。黨中央提出，我國經濟發展進入新常態，已由高速增長階段轉向高質量發展階段，面臨增長速度換擋期、結構調整陣痛期、前期刺激政策消化期"三期疊加"的複雜局面，傳統發展模式難以為繼。黨中央強調，貫徹新發展理念是關係我國發展全局的一場深刻變革，不能簡單以生產總值增長率論英雄，必須實現創新成為第一動力、協調成為內生特點、綠色成為普遍形態、開放成為必由之路、共享成為根本目的的高質量發展，推動經濟發展質量變革、效率變革、動力變革。

新發展理念是以習近平同志為核心的黨中央對國內外現代化建設經

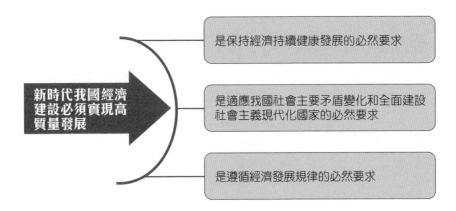

驗和教訓的深刻總結。它順應了人民群眾在經濟、政治、文化、社會、生態等方面的新期待，集中反映了我們黨對經濟社會發展規律認識的深化，為全面建成小康社會提供了理論指導和行動指南，體現了全面建設社會主義現代化國家新征程的本質要求，是當今中國發展之道。

黨加強對經濟工作的戰略謀劃和統一領導，完善黨領導經濟工作體制機制。黨的十八屆五中全會、黨的十九大、黨的十九屆五中全會和歷次中央經濟工作會議集中對我國發展作出部署，作出堅持以高質量發展為主題、以供給側結構性改革為主線、建設現代化經濟體系、把握擴大內需戰略基點，打好防範化解重大風險、精準脫貧、污染防治三大攻堅戰等重大決策。黨毫不動搖鞏固和發展公有制經濟，毫不動搖鼓勵、支持、引導非公有制經濟發展，支持國有資本和國有企業做強做優做大，建立中國特色現代企業制度，增強國有經濟競爭力、創新力、控制力、影響力、抗風險能力；構建親清政商關係，促進非公有制經濟健康發展和非公有制經濟人士健康成長。黨堅持實施創新驅動發展戰略，把科技自立自強作為國家發展的戰略支撐，健全新型舉國體制，強化國家戰略科技力量，加強基礎研究，推進關鍵核心技術攻關和自主創新，強化知識產權創造、保護、運用，加快建設創新型國家和世界科技強國。全面實施供給側結構性改革，推進去產能、

權威評論

　　劉鶴（中共中央政治局委員、國務院副總理）：滿足人民需要是社會主義生產的根本目的，也是推動高質量發展的根本力量。我國經濟的新增長點、新動力蘊含在解決好人民群眾普遍關心的突出問題中，產生於人力資本質量提高的過程中。高質量發展就是要回歸發展的本源，實現最大多數人的社會效用最大化。

　　去庫存、去槓桿、降成本、補短板，落實鞏固、增強、提升、暢通要求，推進製造強國建設，加快發展現代產業體系，壯大實體經濟，發展數字經濟。完善宏觀經濟治理，創新宏觀調控思路和方式，增強宏觀政策自主性，實施積極的財政政策和穩健的貨幣政策，堅持推進簡政放權、放管結合、優化服務，保障糧食安全、能源資源安全、產業鏈供應鏈安全，堅持金融為實體經濟服務，全面加強金融監管，防範化解經濟金融領域風險，強化市場監管和反壟斷規制，防止資本無序擴張，維護市場秩序，激發各類市場主體特別是中小微企業活力，保護廣大勞動者和消費者權益。黨實施區域協調發展戰略，促進京津冀協同發展、長江經濟帶發展、粵港澳大灣區建設、長三角一體化發展、黃河流域生態保護和高質量發展，高標準高質量建設雄安新區，推動西部大開發形成新格局，推動東北振興取得新突破，推動中部地區高質量發展，鼓勵東部地區加快推進現代化，支持革命老區、民族地區、邊疆地區、貧困地區改善生產生活條件。推進以人為核心的新型城鎮化，加強城市規劃、建設、管理。黨始終把解決好"三農"問題作為全黨工作重中之重，實施鄉村振興戰略，加快推進農業農村現代化，堅持藏糧於地、藏糧於技，實行最嚴格的耕地保護制度，推動種業科技自立自強、種源自主可控，確保把中國人的飯碗牢牢端在自己手中。

堅持黨的全面領導、加強黨中央集中統一領導，是實現經濟社會發展目標的根本保證。辦好中國的事情關鍵在黨。黨的領導是做好黨和國家各項工作的根本保證、是戰勝一切困難和風險的"定海神針"。推動我國經濟社會發展，必須堅持和完善黨領導經濟社會發展的體制機制，為實現高質量發展提供根本保證。

黨的十八大以來，我國經濟發展平衡性、協調性、可持續性明顯增強，國內生產總值突破 100 萬億元大關，人均國內生產總值超過 1 萬美元，國家經濟實力、科技實力、綜合國力躍上新台階，我國經濟邁上更高質量、更有效率、更加公平、更可持續、更為安全的發展之路。

黨的十九屆六中全會充分肯定了黨的十八大以來我國經濟發展的重要成就。黨的十八大以來，我國經濟總量持續增長，經濟總量不斷跨越 60 萬億元、70 萬億元、80 萬億元、90 萬億元、100 萬億元大關。2020 年，即使遭遇突如其來的新冠肺炎疫情，我國依然成為全球唯一實現正增長的主要經濟體，國內生產總值達到 101.6 萬億元，佔全球經濟比重達到 17.4%，對世界經濟增長的貢獻率約為 30%。人均國內生產總值再次突破 1 萬美元，向高收入國家水平又邁出堅實一步。構建起門類齊全、世界上最完整的現代工業體系，220 多種工業品產量位居世界第一。糧食產量連續多年保持在 1.3 萬億斤以上，實現穀物基本自給、口糧絕對安全。外匯儲備保持在 3 萬億美元以上。強大國內市場加快形成，我國社會消費品零售總額超過 40 萬億元，已成為世界第一大市場，第三產業增加值佔國內生產總值比重達 54.5%。經濟發展的質量和效益不斷提高，2020 年位列全球創新指數排名第 14 位，是前 30 名中唯一的中等收入經濟體。數字經濟核心產能增加值佔國內生產總值的比重達到 7.8%。研發經費投入穩居世界第二，基礎研究投入年均增幅達到 16.9%、佔研發投入比重超過 6%，研發人員總量、發明專利申請量連續多年居世界首位。

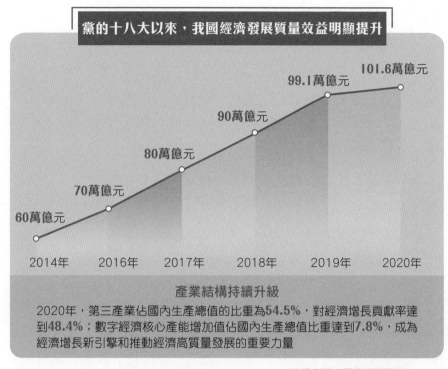

黨的十八大以來，我國經濟發展質量效益明顯提升

101.6萬億元

99.1萬億元

90萬億元

80萬億元

70萬億元

60萬億元

2014年　2016年　2017年　2018年　2019年　2020年

產業結構持續升級

2020年，第三產業佔國內生產總值的比重為**54.5%**，對經濟增長貢獻率達到**48.4%**；數字經濟核心產能增加值佔國內生產總值比重達到**7.8%**，成為經濟增長新引擎和推動經濟高質量發展的重要力量

數據來源：國家統計局網站

（四）在全面深化改革開放上

黨的十一屆三中全會以後，我國改革開放走過波瀾壯闊的歷程，取得舉世矚目的成就。隨著實踐發展，一些深層次體制機制問題和利益固化的藩籬日益顯現，改革進入攻堅期和深水區。黨中央深刻認識到，實踐發展永無止境，解放思想永無止境，改革開放也永無止境，改革只有進行時、沒有完成時，停頓和倒退沒有出路，必須以更大的政治勇氣和智慧推進全面深化改革，敢於啃硬骨頭，敢於涉險灘，突出制度建設，注重改革關聯性和耦合性，真槍真刀推進改革，有效破除各方面體制機制弊端。

黨的十八屆三中全會對經濟體制、政治體制、文化體制、社會體

習近平（中共中央總書記、國家主席、中央軍委主席）：完整、準確、全面貫徹新發展理念，既要以新發展理念指導引領全面深化改革，又要通過深化改革為完整、準確、全面貫徹新發展理念提供體制機制保障。黨的十八屆三中全會以來，我國主要領域改革主體框架基本確立，現在要把著力點放到圍繞完整、準確、全面貫徹新發展理念，加強系統集成、精準施策上來。要在已有改革基礎上，立足貫徹新發展理念、構建新發展格局，堅持問題導向，圍繞增強創新能力、推動平衡發展、改善生態環境、提高開放水平、促進共享發展等重點領域和關鍵環節，繼續把改革推向深入，更加精準地出台改革方案，更加全面地完善制度體系。

制、生態文明體制、國防和軍隊改革和黨的建設制度改革作出部署，確定全面深化改革的總目標、戰略重點、優先順序、主攻方向、工作機制、推進方式和時間表、路線圖。黨的十一屆三中全會是劃時代的，開啟了改革開放和社會主義現代化建設新時期。黨的十八屆三中全會也是劃時代的，實現改革由局部探索、破冰突圍到系統集成、全面深化的轉變，開創了我國改革開放新局面。

　　黨堅持改革正確方向，以促進社會公平正義、增進人民福祉為出發點和落腳點，突出問題導向，聚焦進一步解放思想、解放和發展社會生產力、解放和增強社會活力，加強頂層設計和整體謀劃，增強改革的系統性、整體性、協同性，激發人民首創精神，推動重要領域和關鍵環節改革走實走深。黨推動改革全面發力、多點突破、蹄疾步穩、縱深推進，從夯基壘台、立柱架樑到全面推進、積厚成勢，再到系統集成、協同高效，各領域基礎性制度框架基本確立，許多領域實現歷史性變革、系統性重塑、整體性重構。

黨的十八屆三中全會後，以習近平同志為核心的黨中央著力增強改革的系統性、整體性、協同性，著力抓好重大制度創新，拿出實實在在的舉措著力提升人民群眾獲得感、幸福感、安全感，啃下了不少硬骨頭，闖過了不少急流險灘，改革呈現全面發力、多點突破、蹄疾步穩、縱深推進的局面，推動黨和國家事業取得歷史性成就、發生歷史性變革。全面深化改革的實踐和成就證明，黨的十八屆三中全會作出了劃時代的貢獻。

黨的十八屆三中全會以來，全面深化改革在重要領域和關鍵環節取得決定性成果

不斷完善市場機制有效、微觀主體有活力、宏觀調控有度的經濟體制，有效增強了我國經濟創新力和競爭力

完善中國特色社會主義法治體系，深化全面依法治國實踐和改革，為黨和國家事業發展提供了長期性制度保障

改革宣傳思想文化工作體制機制，有效釋放了社會主義先進文化創新創造力

聚焦社會建設領域短板弱項深化體制改革，在保障和改善民生中加強和創新社會治理，使人民群眾獲得感、幸福感、安全感持續增強

建立健全生態文明建設制度框架，推動生態環境保護發生歷史性、轉折性、全局性變化

領導開展新中國成立以來最為廣泛、最為深刻的國防和軍隊改革，實現了人民軍隊的整體性革命性重塑

加快全面從嚴治黨制度體系建設，堅持和改善黨的領導，推動全面從嚴治黨不斷向縱深發展

黨中央深刻認識到，開放帶來進步，封閉必然落後；我國發展要贏得優勢、贏得主動、贏得未來，必須順應經濟全球化，依託我國超大規模市場優勢，實行更加積極主動的開放戰略。我國堅持共商共建共享，推動共建"一帶一路"高質量發展，推進一大批關係沿線國家經濟發展、民生改善的合作項目，建設和平之路、繁榮之路、開放之路、綠色之路、創新之路、文明之路，使共建"一帶一路"成為當今世界深受歡迎的國際公共產品和國際合作平台。我國堅持對內對外開放相互促進、"引進來"和"走出去"更好結合，推動貿易和投資自由化便利化，構建面向全球的高標準自由貿易區網絡，建設自由貿易試驗區和海南自由貿易港，推動規則、規制、管理、標準等制度型開放，形成更大範圍、更寬領域、更深層次對外開放格局，構建互利共

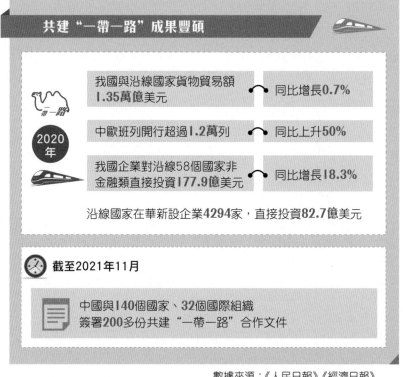

共建"一帶一路"成果豐碩

2020年

我國與沿線國家貨物貿易額1.35萬億美元　　同比增長0.7%

中歐班列開行超過1.2萬列　　同比上升50%

我國企業對沿線58個國家非金融類直接投資177.9億美元　　同比增長18.3%

沿線國家在華新設企業4294家，直接投資82.7億美元

截至2021年11月

中國與140個國家、32個國際組織簽署200多份共建"一帶一路"合作文件

數據來源：《人民日報》《經濟日報》

贏、多元平衡、安全高效的開放型經濟體系，不斷增強我國國際經濟合作和競爭新優勢。

黨的十八大以來，實施更加積極主動的開放戰略的一系列措施，可以從三個方面理解把握。一是推動共建"一帶一路"高質量發展。二是推動對內對外開放相互促進、"引進來"和"走出去"更好結合。三是主動參與、推動引領經濟全球化進程。

黨的十八大以來，黨不斷推動全面深化改革向廣度和深度進軍，中國特色社會主義制度更加成熟更加定型，國家治理體系和治理能力現代化水平不斷提高，黨和國家事業煥發出新的生機活力。

（五）在政治建設上

改革開放以後，黨領導人民堅持中國特色社會主義政治發展道路，發展社會主義民主，取得重大進展。黨從國內外政治發展成敗得失中深刻認識到，堅定中國特色社會主義制度自信首先要堅定對中國特色社會主義政治制度的自信，建設社會主義民主政治，發展社會主義政治文明，必須使中國特色社會主義政治制度深深扎根於中國社會土壤，照抄照搬他國政治制度行不通，甚至會把國家前途命運葬送掉。必須堅持黨的領導、人民當家作主、依法治國有機統一，積極發展全過程人民民主，健全全面、廣泛、有機銜接的人民當家作主制度體系，構建多樣、暢通、有序的民主渠道，豐富民主形式，從各層次各領域擴大人民有序政治參與，使各方面制度和國家治理更好體現人民意志、保障人民權益、激發人民創造。必須警惕和防範西方所謂"憲政"、多黨輪流執政、"三權鼎立"等政治思潮的侵蝕影響。

"全過程人民民主"是以習近平同志為核心的黨中央提出的重大理念，大大深化了我們黨對民主政治發展規律的認識。2019 年 11 月，習近平總書記在上海考察時指出，"人民民主是一種全過程的民主"。2021 年 7 月，在慶祝中國共產黨成立 100 週年大會上，習近平

大力發展全過程人民民主

總書記強調,要"發展全過程人民民主"。2021 年 10 月,習近平總書記在中央人大工作會議上對這一重大理念作出深刻闡釋:"我國全過程人民民主實現了過程民主和成果民主、程序民主和實質民主、直接民主和間接民主、人民民主和國家意志相統一,是全鏈條、全方位、全覆蓋的民主,是最廣泛、最真實、最管用的社會主義民主。"這些重要論述深刻闡明了我國人民民主的本質特徵和顯著優勢,展現了強烈的中國特色社會主義民主自信和底氣。

黨的十九屆四中全會著眼於黨長期執政和國家長治久安,對堅持和完善中國特色社會主義制度、推進國家治理體系和治理能力現代化作出總體擘劃,重點部署堅持和完善支撐中國特色社會主義制度的根本制度、基本制度、重要制度。黨中央強調,必須堅持人民主體地位,保證人民依法實行民主選舉、民主協商、民主決策、民主管理、民主監督。黨堅持和完善人民代表大會制度,支持和保證人民通過人民代表大會行使國家權力,支持和保證人大依法行使立法權、監督權、決定權、任免權,果斷查處拉票賄選案,維護人民代表大會制度權威和尊嚴,發揮人民代表大會制度的根本政治制度作用。黨堅持和完善中國共產黨領導的多黨合作和政治協商制度,完善民主黨派中央對重大決策部署貫徹落實情況實施專項監督、直接向中共中央提出建議等制度，加強人民政協專門協商機構制度建設，推進社會主義協商民主廣泛多層制度化發展，形成中國特色協商民主體系。黨堅持鞏固基層政權，完善基層民主制度，完善辦事公開制度，保障人民知情權、參與權、表達權、監督權。按照堅持黨的全面領導、堅持以人民為中心、堅持優化協同高效、堅持全面依法治國的原則，全面深化黨和國家機構改革，黨和國家機構職能實現系統性、整體性重構。黨堅持和完善民族區域自治制度，堅定不移走中國特色解決民族問題的正確道路，堅持把鑄牢中華民族共同體意識作為黨的民族工作主線，確立新時代黨的治藏方略、治疆方略，鞏固和發展平等團結互助和諧的社會主義民族關係，促進各民族共同團結奮鬥、共同繁榮發展。黨堅持黨的宗教工作基本方針，堅持我國宗教的中國化方向，積極引導宗教與社會主義社會相適應。黨完善大統戰工作格局，努力尋求最大公約數、畫出最大同心圓，匯聚實現中華民族偉大復興的磅礴力量。黨圍繞增強政治性、先進性、群眾性，推動群團工作改革創新，更好發揮工會、共青團、婦聯等人民團體和群眾組織作用。我們以保障人民生存權、發展權為首要推進人權事業全面發展。

黨的十八大以來，我國社會主義民主政治制度化、規範化、程序化全面推進，中國特色社會主義政治制度優越性得到更好發揮，生動活潑、安定團結的政治局面得到鞏固和發展。

黨的十九屆六中全會充分肯定了我國社會主義民主政治建設的進展和成效。黨的十八大以來，以習近平同志為核心的黨中央在全面推進我國社會主義民主政治制度化、規範化、程序化方面採取了一系列重大舉措。一是堅持和完善人民代表大會制度；二是堅持和完善中國共產黨領導的多黨合作和政治協商制度；三是完善基層民主制度；四是全面深化黨和國家機構改革；五是堅持和完善民族區域自治制度；六是加強和改進新形勢下統一戰線工作；等等。

（六）在全面依法治國上

改革開放以後，黨堅持依法治國，不斷推進社會主義法治建設。同時，有法不依、執法不嚴、司法不公、違法不究等問題嚴重存在，司法腐敗時有發生，一些執法司法人員徇私枉法，甚至充當犯罪分子的保護傘，嚴重損害法治權威，嚴重影響社會公平正義。黨深刻認識到，權力是一把"雙刃劍"，依法依規行使可以造福人民，違法違規行使必然禍害國家和人民。黨中央強調，法治興則國家興，法治衰則國家亂；全面依法治國是中國特色社會主義的本質要求和重要保障，是國家治理的一場深刻革命；堅持依法治國首先要堅持依憲治國，堅持依法執政首先要堅持依憲執政。必須堅持中國特色社會主義法治道路，貫徹中國特色社會主義法治理論，堅持依法治國、依法執政、依法行政共同推進，堅持法治國家、法治政府、法治社會一體建設，全

 權威評論

王晨（中共中央政治局委員，全國人大常委會副委員長、黨組副書記）：改革開放40多年歷程充分證明，我國社會主義法治有力鞏固了中國共產黨領導，有力保障了人民當家作主，有力促進了改革開放和社會主義現代化建設，有力推動了人權事業全面發展和社會全面進步，有力維護了國家統一、民族團結、社會和諧穩定。歷史的經驗和教訓使我們黨深刻認識到，法治興則國家興，法治衰則國家亂；法治與國家前途、人民命運息息相關，是治國理政、實現長治久安不可或缺的重要手段。實行依法治國，是我們黨總結長期歷史經驗得出的重要結論，是堅持和發展中國特色社會主義的必然選擇。

面增強全社會尊法學法守法用法意識和能力。

黨的十八屆四中全會和中央全面依法治國工作會議專題研究全面依法治國問題，就科學立法、嚴格執法、公正司法、全民守法作出頂層設計和重大部署，統籌推進法律規範體系、法治實施體系、法治監督體系、法治保障體系和黨內法規體系建設。

黨的十八屆四中全會是我國全面依法治國歷程中的一個重要節點。全會審議通過的《中共中央關於全面推進依法治國若干重大問題的決定》，是我國歷史上第一個關於加強法治建設的專門決定，凝聚了全黨智慧，體現了人民意志，是指導新形勢下全面推進依法治國的綱領性文件。全會把依法治國作為會議主題，這在歷史上是第一次。對於這個"第一次"，可以用四句話概括：第一次在黨的歷史上把法治作為中央全會的主題；第一次在新中國歷史上把法治作為中央全會的主題；第一次在黨的十一屆三中全會以來的改革開放和社會主義現代化建設歷史上把法治作為中央全會的主題；第一次中央全會以法治為題作出重要專門決定。

黨強調，全面依法治國最廣泛、最深厚的基礎是人民，必須把體現人民利益、反映人民願望、維護人民權益、增進人民福祉落實到全面依法治國各領域全過程，保障和促進社會公平正義，努力讓人民群眾在每一項法律制度、每一個執法決定、每一宗司法案件中都感受到公平正義。黨領導健全保證憲法全面實施的體制機制，確立憲法宣誓制度，弘揚社會主義法治精神，提高國家機構依法履職能力，提高各級領導幹部運用法治思維和法治方式解決問題、推動發展的能力，增強全社會法治意識。通過憲法修正案，制定民法典、外商投資法、國家安全法、監察法等法律，修改立法法、國防法、環境保護法等法律，加強重點領域、新興領域、涉外領域立法，加快完善以憲法為核心的中國特色社會主義法律體系。黨領導深化以司法責任制為重點的司法體制改革，推進政法領域全面深化改革，加強對執法司法活動的

數據來源：《中國共產黨尊重和保障人權的偉大實踐》白皮書

監督制約，開展政法隊伍教育整頓，依法糾正冤錯案件，嚴厲懲治執法司法腐敗，確保執法司法公正廉潔高效權威。

公平正義是中國特色社會主義的內在要求，保障和促進社會公平正義是社會主義法治的重要價值追求。具體表現為以下兩點。其一，公平正義是全面依法治國的本質要求。其二，公平正義是廣大人民群眾的迫切期待。

黨的十八大以來，中國特色社會主義法治體系不斷健全，法治中國建設邁出堅實步伐，法治固根本、穩預期、利長遠的保障作用進一步發揮，黨運用法治方式領導和治理國家的能力顯著增強。

黨的十九屆六中全會充分肯定了以習近平同志為核心的黨中央帶領全國人民推進全面依法治國取得的重大成就。黨的十八大以來，在以習近平同志為核心的黨中央堅強領導下，我們黨把全面依法治國納入“四個全面”戰略佈局，統籌推進科學立法、嚴格執法、公正司法、全民守法，國家治理的法治體系更加完善、法治環境更加優化，全面依法治國取得前所未有的歷史性成就。黨的十八屆四中全會專門研究法治建設，繪就了全面依法治國的宏偉藍圖。2020年，中央全面依法治國工作會議確立習近平法治思想在全面依法治國中的指導地位，這在黨和國家法治建設史上、馬克思主義法治理論發展史上都具有重大意義。到2035年"基本實現國家治理體系和治理能力現代化，人民平等參與、平等發展權利得到充分保障，基本建成法治國家、法治政府、法治社會"，這是黨的十九屆五中全會擘劃的法治藍圖。在以習近平同志為核心的黨中央堅強領導下，在習近平法治思想的指引下，這一宏偉藍圖一定能夠實現。

（七）在文化建設上

改革開放以後，黨堅持物質文明和精神文明兩手抓、兩手硬，推動社會主義文化繁榮發展，振奮了民族精神，凝聚了民族力量。同時，拜金主義、享樂主義、極端個人主義和歷史虛無主義等錯誤思潮不時出現，網絡輿論亂象叢生，一些領導幹部政治立場模糊、缺乏鬥爭精神，嚴重影響人們思想和社會輿論環境。黨準確把握世界範圍內思想文化相互激蕩、我國社會思想觀念深刻變化的趨勢，強調意識形態工作是為國家立心、為民族立魂的工作，文化自信是更基礎、更廣泛、更深厚的自信，是一個國家、一個民族發展中最基本、最深沉、最持久的力量，沒有高度文化自信、沒有文化繁榮興盛就沒有中華民族偉大復興。必須堅持以人民為中心的工作導向，舉旗幟、聚民心、育新人、興文化、展形象，牢牢掌握意識形態工作領導權，建設具有強大凝聚力和引領力的社會主義意識形態，建設社會主義文化強國，激發全民族文化創新創造活力，更好構築中國精神、中國價值、中國力量，鞏固全黨全國各族人民團結奮鬥的共同思想基礎。

習近平總書記指出："一個國家、一個民族的強盛，離不開文化興盛的支撐。"堅定文化自信，才能推動文化繁榮，才能為當代中國發展進步、為實現第二個百年奮鬥目標和中華民族偉大復興的中國夢提供不竭精神動力和強大文化保障。

　　黨著力解決意識形態領域黨的領導弱化問題，立破並舉、激濁揚清，就意識形態領域許多方向性、戰略性問題作出部署，確立和堅持馬克思主義在意識形態領域指導地位的根本制度，健全意識形態工作責任制，推動全黨動手抓宣傳思想工作，守土有責、守土負責、守土盡責，敢抓敢管、敢於鬥爭，旗幟鮮明反對和抵制各種錯誤觀點。黨從正本清源入手加強宣傳思想工作，召開全國宣傳思想工作會議，分別召開文藝工作、黨的新聞輿論工作、網絡安全和信息化工作、哲學社會科學工作座談會和全國高校思想政治工作會議，就一系列根本性問題闡明原則立場，廓清了理論是非，校正了工作導向，思想文化領域向上向好態勢不斷發展。推動用黨的創新理論武裝全黨、教育人民、指導實踐，深化馬克思主義理論研究和建設，推進中國特色哲學社會科學學科體系、學術體系、話語體系建設。高度重視傳播手段建設和創新，推動媒體融合發展，提高新聞輿論傳播力、引導力、影響力、公信力。黨中央明確提出，過不了互聯網這一關就過不了長期執政這一關。黨高度重視互聯網這個意識形態鬥爭的主陣地、主戰場、最前沿，健全互聯網領導和管理體制，堅持依法管網治網，營造清朗的網絡空間。

習近平新時代中國特色社會主義思想深入人心。我們黨始終堅持馬克思主義在意識形態領域指導地位這一根本制度，這也是文化領域的根本制度。黨的十八大以來，深入開展習近平新時代中國特色社會主義思想學習教育，出版《習近平談治國理政》（第一至三卷）、《習近平新時代中國特色社會主義思想學習綱要》、《習近平新時代中國特色社會主義思想學習問答》等權威著作和輔導讀本，建好用好新時代文明實踐中心、縣級融媒體中心和“學習強國”學習平台，堅持不懈用習近平新時代中國特色社會主義思想武裝全黨、教育人民，幹部群眾對這一思想理解更加深入、踐行更加自覺。

黨堅持以社會主義核心價值觀引領文化建設，注重用社會主義先進文化、革命文化、中華優秀傳統文化培根鑄魂，廣泛開展中國特色社會主義和中國夢宣傳教育，推動理想信念教育常態化制度化，完善思想政治工作體系，建立健全黨和國家功勳榮譽表彰制度，設立烈士紀念日，深化群眾性精神文明創建，建設新時代文明實踐中心，推動學習大國建設。黨推動學習黨史、新中國史、改革開放史、社會主義發展史，建成中國共產黨歷史展覽館，開展慶祝中國共產黨成立 100 週年、中華人民共和國成立 70 週年、中國人民解放軍建軍 90 週年、改革開放 40 週年和紀念中國人民抗日戰爭暨世界反法西斯戰爭勝利 70 週年、中國人民志願軍抗美援朝出國作戰 70 週年等活動，有力彰顯黨心民心、國威軍威，在全社會唱響了主旋律、弘揚了正能量。黨堅持把社會效益放在首位、社會效益和經濟效益相統一，推進文化事業和文化產業全面發展，繁榮文藝創作，完善公共文化服務體系，為人民提供了更多更好的精神食糧。

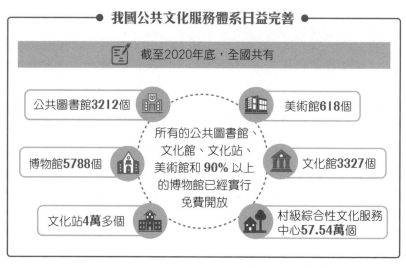

我國公共文化服務體系日益完善

截至2020年底，全國共有

公共圖書館3212個

美術館618個

博物館5788個

文化館3327個

文化站4萬多個

村級綜合性文化服務中心57.54萬個

所有的公共圖書館、文化館、文化站、美術館和 90% 以上的博物館已經實行免費開放

數據來源：《中國旅遊報》

　　黨的十八大以來，我們黨堅持以社會主義核心價值觀引領文化建設，廣泛開展中國特色社會主義和中國夢宣傳教育，持續深化群眾性精神文明創建，大力培育時代新人、弘揚時代新風。特別注重發揮榜樣引領作用，為英雄模範頒授黨和國家功勳榮譽，評選表彰一大批道德模範、時代楷模和最美人物，形成了見賢思齊、崇德向善、爭當先鋒的良好風尚。黨的十八大以來，人民群眾文化需求得到更好滿足。我們黨堅持以人民為中心的工作導向，大力繁榮文藝創作生產，先後推出了電影《我和我的祖國》《長津湖》，電視劇《覺醒年代》《山海情》等一批精品。我們黨積極推進城鄉公共文化服務體系一體建設，深入實施文化惠民工程，推動中華優秀傳統文化創造性轉化、創新性發展，建設長城、大運河、長征、黃河等國家文化公園，為人民群眾提供了更為豐富、更有營養的精神食糧。

　　黨中央強調，中華優秀傳統文化是中華民族的突出優勢，是我們在世界文化激盪中站穩腳跟的根基，必須結合新的時代條件傳承和弘揚好。我們實施中華優秀傳統文化傳承發展工程，推動中華優秀傳統

黨的領導在意識形態領域一度被忽視、淡化、削弱的狀況得到有效扭轉	主流思想主導地位遭受侵蝕的狀況得到有效扭轉
黨的十八大以來，我國意識形態領域發生了全局性、根本性轉變	
意識形態工作被動應付、反擊不力的狀況得到有效扭轉	網絡輿論亂象叢生的狀況得到有效扭轉

文化創造性轉化、創新性發展，增強全社會文物保護意識，加大文化遺產保護力度。加快國際傳播能力建設，向世界講好中國故事、中國共產黨故事，傳播好中國聲音，促進人類文明交流互鑒，國家文化軟實力、中華文化影響力明顯提升。

黨的十八大以來，可信可愛可敬的中國形象更加引人矚目。其一，加強對外文化交流和多層次文明對話，舉辦亞洲文明對話大會，開展中國文化年、旅遊年、感知中國、歡樂春節、經典著作互譯等活動。其二，積極構建多主體、立體化大外宣格局，推動文化交流互鑒，促進民心相通相融，積極向世界講好中國故事、傳播好中國聲音，我國國際話語權和影響力得到顯著提升。

黨的十八大以來，我國意識形態領域形勢發生全局性、根本性轉變，全黨全國各族人民文化自信明顯增強，全社會凝聚力和向心力極大提升，為新時代開創黨和國家事業新局面提供了堅強思想保證和強大精神力量。

（八）在社會建設上

改革開放以後，我國人民生活顯著改善，社會治理明顯改進。同時，隨著時代發展和社會進步，人民對美好生活的嚮往更加強烈，對民主、法治、公平、正義、安全、環境等方面的要求日益增長。黨中央強調，人民對美好生活的嚮往就是我們的奮鬥目標，增進民生福祉是我們堅持立黨為公、執政為民的本質要求，讓老百姓過上好日子是我們一切工作的出發點和落腳點，補齊民生保障短板、解決好人民群眾急難愁盼問題是社會建設的緊迫任務。必須以保障和改善民生為重點加強社會建設，盡力而為、量力而行，一件事情接著一件事情辦，一年接著一年幹，在幼有所育、學有所教、勞有所得、病有所醫、老有所養、住有所居、弱有所扶上持續用力，加強和創新社會治理，使人民獲得感、幸福感、安全感更加充實、更有保障、更可持續。

民生是人民幸福之基、社會和諧之本。增進民生福祉是我們黨堅持立黨為公、執政為民的本質要求。對此，習近平總書記指出："讓老百姓過上好日子是我們一切工作的出發點和落腳點。"

黨深刻認識到，小康不小康，關鍵看老鄉；脫貧攻堅是全面建成小康社會的底線任務，只有打贏脫貧攻堅戰，才能確保全面建成小康社會、實現第一個百年奮鬥目標；必須以更大決心、更精準思路、更有力措施，採取超常舉措，實施脫貧攻堅工程。黨堅持精準扶貧，確立不愁吃、不愁穿和義務教育、基本醫療、住房安全有保障工作目標，實行"軍令狀"式責任制，動員全黨全國全社會力量，上下同心、盡銳出戰，攻克堅中之堅、解決難中之難，組織實施人類歷史上規模最大、力度最強的脫貧攻堅戰，形成偉大脫貧攻堅精神。黨的十八大以來，全國 832 個貧困縣全部摘帽，12.8 萬個貧困村全部出列，近 1 億農村貧困人口實現脫貧，提前 10 年實現聯合國 2030 年可持續發展議程減貧目標，歷史性地解決了絕對貧困問題，創造了人類減貧史上的奇跡。

黨的十九屆六中全會把打贏脫貧攻堅戰作為新時代的一項重大歷史性成就進行了總結，進而突出了這項成就的重大歷史意義。黨的

打贏脫貧攻堅戰（2012－2020年）

中國農村貧困人口變化情況

單位：萬人

9899　8249　7017　5575　4335　3046　1660　551　全部脫貧

2012 2013 2014 2015 2016 2017 2018 2019 2020（年份）

貧困縣數量變化情況

單位：個

832　832　832　832　804　679　396　52　全部摘帽

2012 2013 2014 2015 2016 2017 2018 2019 2020（年份）

數據來源：《人類減貧的中國實踐》白皮書

十八大以來，黨中央把脫貧攻堅擺在治國理政的突出位置，把脫貧攻堅作為全面建成小康社會的底線任務，組織開展了聲勢浩大的脫貧攻堅人民戰爭。黨和人民披荊斬棘、櫛風沐雨，發揚釘釘子精神，敢於啃硬骨頭，攻克了一個又一個貧中之貧、堅中之堅，脫貧攻堅取得了重大歷史性成就。主要包括五個方面：其一，農村貧困人口全部脫貧，為實現全面建成小康社會目標任務作出了關鍵性貢獻。其二，脫貧地區經濟社會發展大踏步趕上來，整體面貌發生歷史性巨變。其三，脫貧群眾精神風貌煥然一新，增添了自立自強的信心勇氣。其四，黨群幹群關係明顯改善，黨在農村的執政基礎更加牢固。其五，創造了減貧治理的中國樣本，為全球減貧事業作出了重大貢獻。脫貧攻堅偉大鬥爭也鍛造形成了“上下同心、盡銳出戰、精準務實、開拓創新、攻堅克難、不負人民”的脫貧攻堅精神。脫貧攻堅精神是中國共產黨性質宗旨、中國人民意志品質、中華民族精神的生動寫照，是愛國主義、集體主義、社會主義思想的集中體現，是中國精神、中國價值、中國力量的充分彰顯，賡續傳承了偉大民族精神和時代精神。

2020 年，面對突如其來的新冠肺炎疫情，黨中央果斷決策、沉著應對，堅持人民至上、生命至上，提出堅定信心、同舟共濟、科學防治、精準施策的總要求，開展抗擊疫情人民戰爭、總體戰、阻擊戰，周密部署武漢保衛戰、湖北保衛戰，舉全國之力實施規模空前的生命大救援，慎終如始抓好“外防輸入、內防反彈”，堅持統籌疫情防控和經濟社會發展，最大限度保護了人民生命安全和身體健康，在全球率先控制住疫情、率先復工復產、率先恢復經濟社會發展，抗疫鬥爭取得重大戰略成果，鑄就了偉大抗疫精神。

偉大抗疫精神的主要內涵是“生命至上、舉國同心、捨生忘死、尊重科學、命運與共”。2020 年 9 月 8 日，習近平總書記在全國抗擊新冠肺炎疫情表彰大會上的講話中指出：“偉大抗疫精神，同中華民族長期形成的特質稟賦和文化基因一脈相承，是愛國主義、集體主義、社會主義精神的傳承和發展，是中國精神的生動詮釋，豐富了民族精神和時代精神的內涵。我們要在全社會大力弘揚偉大抗疫精神，使之轉化為全面建設社會主義現代化國家、實現中華民族偉大復興的強大力量。”

為了保障和改善民生，黨按照堅守底線、突出重點、完善制度、引導預期的思路，在收入分配、就業、教育、社會保障、醫療衛生、住房保障等方面推出一系列重大舉措，注重加強普惠性、基礎性、兜底性民生建設，推進基本公共服務均等化。我們努力建設體現效率、促進公平的收入分配體系，調節過高收入，取締非法收入，增加低收入者收入，穩步擴大中等收入群體，推動形成橄欖型分配格局，居民收入增長與經濟增長基本同步，農村居民收入增速快於城鎮居民。實施就業優先政策，推動實現更加充分、更高質量就業。全面貫徹黨的教育方針，優先發展教育事業，明確教育的根本任務是立德樹人，培養德智體美勞全面發展的社會主義建設者和接班人，深化教育教學改革創新，促進公平和提高質量，推進義務教育均衡發展和城鄉一體化，全面推行國家通用語言文字教育教學，規範校外培訓機構，積極發展職業教育，推動高等教育內涵式發展，推進教育強國建設，辦好人民滿意的教育。我國建成世界上規模最大的社會保障體系，10.14億人擁有基本養老保險，13.6億人擁有基本醫療保險。全面推進健康中國建設，堅持預防為主的方針，深化醫藥衛生體制改革，引導醫療衛生工作重心下移、資源下沉，及時推動完善重大疫情防控體制機制、健全國家公共衛生應急管理體系，促進中醫藥傳承創新發展，健全遍及城鄉的公共衛生服務體系。加快體育強國建設，廣泛開展全民健身活動，大力弘揚中華體育精神。加強人口發展戰略研究，積極應

○─ **黨的十八大以來，我國民生福祉不斷提升** ─○

2020年 　我國居民人均可支配收入達到**3.2萬**元，擁有全球規模最大、最具成長性的中等收入群體（**4億**多人）

城鎮居民恩格爾系數下降到**29.2%**
農村居民恩格爾系數下降到**32.7%**

九年義務教育鞏固率達**95.2%**
高等教育毛入學率達到**54.4%**

數據來源：國家統計局網站、教育部網站

對人口老齡化，加快建設養老服務體系，調整優化生育政策，促進人口長期均衡發展。注重家庭家教家風建設，保障婦女兒童權益。加快發展殘疾人事業。堅持房子是用來住的、不是用來炒的定位，加快建立多主體供給、多渠道保障、租購並舉的住房制度，加大保障房建設投入力度，城鄉居民住房條件明顯改善。

人口是影響經濟社會發展的基礎性、全局性、戰略性問題。我們黨針對近年來我國人口形勢的重大變化，加強了人口發展戰略研究，積極應對人口老齡化問題。一是加快建設居家社區機構相協調、醫養康養相結合的養老服務體系。2012-2020 年，中央財政累計投入 271 億元支持養老服務設施建設。截至 2020 年底，各類養老機構和設施總數達 32.9 萬個、床位 821 萬張，床位總數比 2012 年增長了 97%。老年人高齡津貼、養老服務補貼、失能老年人護理補貼分別惠及 3104.4 萬、535 萬、81.3 萬人。二是調整優化生育政策，先後出台單獨兩孩、全面兩孩、放開三孩等重大政策，促進生育政策和相關經濟社會政策配套銜接，積極發展普惠托育服務體系，促進人口長期均衡發展。三是注重家庭家教家風建設，保證婦女兒童權益。四是加快發展殘疾人事業。

住有所居是重要的民生目標，關係千家萬戶的切身利益。黨的十八大以來，我國累計建設各類保障性住房和棚改安置房 8000 多萬套，幫助 2 億多群眾解決了住房困難，建成了世界上最大的住房保障體系。堅持因城施策，促進房地產市場平穩健康發展。2019 年，我國城鎮居民和農村居民人均住房建築面積分別為 39.8 平方米和 48.9 平方米，比 2012 年分別增加 6.9 平方米和 11.8 平方米，城鄉居民住房條件得到明顯改善。

黨著眼於國家長治久安、人民安居樂業，建設更高水平的平安中國，完善社會治理體系，健全黨組織領導的自治、法治、德治相結合的城鄉基層治理體系，推動社會治理重心向基層下移，建設共建共治共享的社會治理制度，建設人人有責、人人盡責、人人享有的社會治理共同體。加強防災減災救災和安全生產工作，加強國家應急管理體系和能力建設。堅持和發展新時代"楓橋經驗"，堅持系統治理、依法治理、綜合治理、源頭治理，完善信訪制度，健全社會矛盾糾紛多元預防調處化解綜合機制，加強社會治安綜合治理，開展掃黑除惡專項鬥爭，堅決懲治放縱、包庇黑惡勢力甚至充當保護傘的黨員幹部，防範和打擊暴力恐怖、新型網絡犯罪、跨國犯罪。

2018 年至 2020 年，黨中央部署開展了為期 3 年的掃黑除惡專項鬥爭，依法嚴懲黑惡犯罪和放縱、包庇黑惡勢力甚至充當"保護傘"的黨員幹部。召開全國掃黑除惡專項鬥爭總結表彰大會，出台《關於常

掃黑除惡專項鬥爭取得顯著成效（2018－2020年）

黑惡勢力得到有效鏟除

全國共打掉涉黑組織3644個、涉惡犯罪集團11675個，打掉的涉黑組織是前10年總和的1.3倍

社會治安環境顯著改善

通過專項鬥爭，攻克了一批長期懸而未破的重大刑事案件，全面整治了治安亂點，有效淨化了社會治安環境。2020年全國刑事案件比2017年下降13.1%，八類嚴重暴力案件下降30%

黨風政風社會風氣明顯好轉

查處涉黑涉惡腐敗和"保護傘"案件89742件、立案處理115913人，打掉農村涉黑組織1289個，農村涉惡犯罪集團4095個，依法嚴懲"村霸"3727名，排查清理受過刑事處罰，存在"村霸"、涉黑涉惡等問題的村幹部42700名

數據來源：人民網

態化開展掃黑除惡鬥爭鞏固專項鬥爭成果的意見》……通過這場專項鬥爭，黑惡犯罪得到根本遏制，營商環境持續優化，基層基礎全面夯實，黨風政風社會風氣明顯好轉，這在中國乃至世界反有組織犯罪歷史上都是不尋常的成就。社會各界普遍認為，掃黑除惡專項鬥爭是黨的十九大以來最得人心的大事之一。

黨的十八大以來，我國社會建設全面加強，人民生活全方位改善，社會治理社會化、法治化、智能化、專業化水平大幅度提升，發展了人民安居樂業、社會安定有序的良好局面，續寫了社會長期穩定奇跡。

（九）在生態文明建設上

改革開放以後，黨日益重視生態環境保護。同時，生態文明建設仍然是一個明顯短板，資源環境約束趨緊、生態系統退化等問題越來越突出，特別是各類環境污染、生態破壞呈高發態勢，成為國土之傷、民生之痛。如果不抓緊扭轉生態環境惡化趨勢，必將付出極其沉重的代價。黨中央強調，生態文明建設是關乎中華民族永續發展的根本大計，保護生態環境就是保護生產力，改善生態環境就是發展生產力，決不以犧牲環境為代價換取一時的經濟增長。必須堅持綠水青山就是金山銀山的理念，堅持山水林田湖草沙一體化保護和系統治理，像保護眼睛一樣保護生態環境，像對待生命一樣對待生態環境，更加自覺地推進綠色發展、循環發展、低碳發展，堅持走生產發展、生活富裕、生態良好的文明發展道路。

"生態文明建設是關乎中華民族永續發展的根本大計"，是以習近平同志為核心的黨中央的一個重要論斷，它突出了生態文明建設的重要地位。習近平總書記指出："中華民族向來尊重自然、熱愛自然，綿延5000多年的中華文明孕育著豐富的生態文化。""生態興則文明興，生態衰則文明衰。生態環境是人類生存和發展的根基，生態

深閱讀

　　黨的十八大以來，我國通過全面深化改革，加快推進生態文明頂層設計和制度體系建設，相繼出台《關於加快推進生態文明建設的意見》《生態文明體制改革總體方案》，制定了 40 多項涉及生態文明建設的改革方案，從總體目標、基本理念、主要原則、重點任務、制度保障等方面，對生態文明建設進行全面系統部署安排。與此同時，土壤污染防治法、長江保護法等法律制定施行，環境保護法、大氣污染防治法、森林法等法律修訂完善，為生態文明建設保駕護航。

環境變化直接影響文明興衰演替。"這一重要論斷不僅是對人類文明發展規律的深刻總結，更是對一個時期以來我國生態環境惡化的深刻反思和對生態文明建設的長遠思考。

　　黨從思想、法律、體制、組織、作風上全面發力，全方位、全地域、全過程加強生態環境保護，推動劃定生態保護紅線、環境質量底線、資源利用上線，開展一系列根本性、開創性、長遠性工作。黨組織實施主體功能區戰略，建立健全自然資源資產產權制度、國土空間開發保護制度、生態文明建設目標評價考核制度和責任追究制度、生態補償制度、河湖長制、林長制、環境保護"黨政同責"和"一崗雙責"等制度，制定修訂相關法律法規。優化國土空間開發保護格局，建立以國家公園為主體的自然保護地體系，持續開展大規模國土綠化行動，加強大江大河和重要湖泊濕地及海岸帶生態保護和系統治理，加大生態系統保護和修復力度，加強生物多樣性保護，推動形成節約資源和保護環境的空間格局、產業結構、生產方式、生活方式。黨領導著力打贏污染防治攻堅戰，深入實施大氣、水、土壤污染防治三大

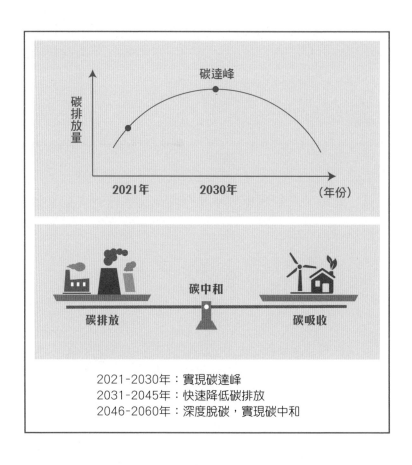

碳達峰

碳排放量

2021年　　2030年　　　　（年份）

碳中和

碳排放　　　　　　　　　　碳吸收

2021-2030年：實現碳達峰
2031-2045年：快速降低碳排放
2046-2060年：深度脫碳，實現碳中和

行動計劃，打好藍天、碧水、淨土保衛戰，開展農村人居環境整治，全面禁止進口"洋垃圾"。開展中央生態環境保護督察，堅決查處一批破壞生態環境的重大典型案件、解決一批人民群眾反映強烈的突出環境問題。我國積極參與全球環境與氣候治理，作出力爭2030年前實現碳達峰、2060年前實現碳中和的莊嚴承諾，體現了負責任大國的擔當。

黨的十八大以來，黨中央以前所未有的力度抓生態文明建設，全黨全國推動綠色發展的自覺性和主動性顯著增強，美麗中國建設邁出重大步伐，我國生態環境保護發生歷史性、轉折性、全局性變化。

總之，以習近平同志為核心的黨中央把生態文明建設擺在黨和國家工作突出位置，從思想、法律、體制、組織、作風上全面發力，全方位、全地域、全過程加強生態環境保護，開展了一系列根本性、開創性、長遠性工作，決心之大、力度之大、成效之大前所未有。

（十）在國防和軍隊建設上

改革開放以後，人民軍隊革命化現代化正規化水平不斷提高，國防實力日益增強，為國家改革發展穩定提供了可靠安全保障。黨中央強調，強國必須強軍、軍強才能國安，必須建設同我國國際地位相稱、同國家安全和發展利益相適應的鞏固國防和強大人民軍隊。

2020 年 7 月 30 日，習近平總書記在主持十九屆中央政治局第二十二次集體學習時明確指出："強國必須強軍，軍強才能國安。堅持和發展中國特色社會主義，實現中華民族偉大復興，必須統籌發展和安全、富國和強軍，確保國防和軍隊現代化進程同國家現代化進程相適應，軍事能力同國家戰略需求相適應。"習近平總書記的這一重要論述深刻揭示了國防和軍隊現代化建設在我們黨和國家事業全局中的重要位置，科學闡明了新時代統籌富國和強軍的重大意義，為加快推進國防和軍隊現代化、全面建成社會主義現代化強國指明了前進方

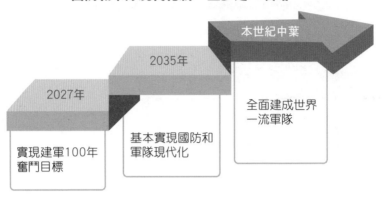

國防和軍隊現代化新"三步走"戰略

本世紀中葉

2035年

2027年

全面建成世界一流軍隊

基本實現國防和軍隊現代化

實現建軍100年奮鬥目標

向、提供了根本遵循。

　　黨提出新時代的強軍目標，確立新時代軍事戰略方針，制定到2027年實現建軍100年奮鬥目標、到2035年基本實現國防和軍隊現代化、到本世紀中葉全面建成世界一流軍隊的國防和軍隊現代化新"三步走"戰略，推進政治建軍、改革強軍、科技強軍、人才強軍、依法治軍，加快軍事理論現代化、軍隊組織形態現代化、軍事人員現代化、武器裝備現代化，加快機械化信息化智能化融合發展，全面加強練兵備戰，堅持走中國特色強軍之路。

　　建設強大人民軍隊，首要的是毫不動搖堅持黨對人民軍隊絕對領導的根本原則和制度，堅持人民軍隊最高領導權和指揮權屬於黨中央和中央軍委，全面深入貫徹軍委主席負責制。有一個時期，人民軍隊黨的領導弱化問題突出，如果不徹底解決，不僅影響戰鬥力，而且事關黨指揮槍這一重大政治原則。黨中央和中央軍委狠抓全面從嚴治軍，果斷決策整肅人民軍隊政治綱紀，在古田召開全軍政治工作會議，對新時代政治建軍作出部署，恢復和發揚我黨我軍光榮傳統和優良作風，以整風精神推進政治整訓，全面加強軍隊黨的領導和黨的建設，深入推進軍隊黨風廉政建設和反腐敗鬥爭，堅決查處郭伯雄、徐

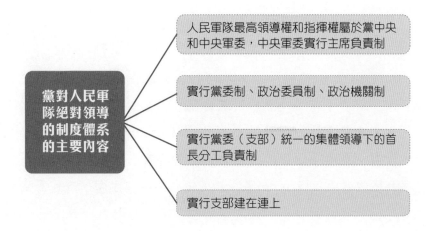

才厚、房峰輝、張陽等嚴重違紀違法案件並徹底肅清其流毒影響，推動人民軍隊政治生態根本好轉。

　　黨的十八大以來，以習近平同志為核心的黨中央不斷深入推進政治建軍。政治建軍是人民軍隊的立軍之本，也是最大優勢。習近平主席深刻指出，要堅持從思想上政治上建設和掌握部隊，深入貫徹古田全軍政治工作會議精神，按照新時代黨的建設總要求加強各級黨組織建設，教育引導官兵強化"四個意識"，堅決聽從黨中央和中央軍委指揮。聽黨指揮是強軍之魂，對黨絕對忠誠要害在"絕對"二字，確保槍桿子永遠掌握在忠於黨的可靠的人手中；黨的領導和黨的建設是我軍建設發展的關鍵，著力抓好黨的政治建設，增強各級黨組織的領導力、組織力、執行力；充分發揮政治工作對強軍興軍的生命線作用，把理想信念、黨性原則、戰鬥力標準、政治工作威信在全軍牢固立起來，培養"四有"新時代革命軍人，鍛造"四鐵"過硬部隊；把理想信念的火種、紅色傳統的基因一代代傳下去，讓革命事業薪火相傳、血脈永續，永遠保持老紅軍本色。這都是思想建黨、政治建軍原則在新時代的豐富發展，把握和落實好這些根本政治要求，才能保證強軍興軍堅定正確的政治方向。

2014 年 10 月 30 日，全軍政治工作會議在福建省上杭縣古田鎮召開。31 日下午，中共中央總書記、國家主席、中央軍委主席習近平在會議上發表重要講話。習近平主席鮮明指出＂緊緊圍繞實現中華民族偉大復興的中國夢，為實現黨在新形勢下的強軍目標提供堅強政治保證＂，是軍隊政治工作的時代主題。這是黨賦予我軍政治工作的新使命，是政治工作的根本出發點、落腳點。習近平主席突出強調，加強和改進新形勢下我軍政治工作，當前最緊要的是把 4 個帶根本性的東西立起來：把理想信念在全軍牢固立起來，把黨性原則在全軍牢固立起來，把戰鬥力標準在全軍牢固立起來，把政治工作威信在全軍牢固立起來。

　　針對黨的十八大之前一個時期，人民軍隊面臨的嚴重政治風險，習近平主席力挽狂瀾、扶危定傾，領導召開古田全軍政治工作會議，確立新時代政治建軍方略，帶領全軍重整行裝再出發。大力推進政治整訓，著力整頓思想、整頓用人、整頓組織、整頓紀律，重振政治綱紀，純正政治生態。圍繞全面加強人民軍隊黨的領導和黨的建設工作，作出一系列政治設計和制度安排，用習近平新時代中國特色社會主義思想武裝全軍，開展一系列黨內集中教育和主題教育，全面鍛造過硬基層，夯實維護核心、聽從指揮的思想政治根基。

　　黨提出改革強軍戰略，領導開展新中國成立以來最為廣泛、最為深刻的國防和軍隊改革，重構人民軍隊領導指揮體制、現代軍事力量體系、軍事政策制度，裁減現役員額 30 萬，形成了軍委管總、戰區主戰、軍種主建新格局。面對世界新軍事革命，我們實施科技強軍戰略，建設創新型人民軍隊，建設強大的現代化後勤，國防科技和武器裝備建設取得重大進展。實施人才強軍戰略，確立新時代軍事教育方針，明確軍隊好幹部標準，推動構建三位一體新型軍事人才培養體系，培養有靈魂、有本事、有血性、有品德的新時代革命軍人，鍛造具有鐵一般信仰、鐵一般信念、鐵一般紀律、鐵一般擔當的過硬部隊。貫徹依法治軍戰略，構建中國特色軍事法治體系，加快治軍方式根本性轉變。推進軍人榮譽體系建設。

黨的十八大以來，以習近平同志為核心的黨中央不斷深入推進改革強軍。深化國防和軍隊改革是強軍興軍的必由之路，也是決定人民軍隊未來的關鍵一招。習近平主席親自決策將這輪改革納入全面深化改革總盤子，深刻闡明一系列帶根本性方向性全局性的重大問題。要求深入推進人民軍隊組織形態現代化，鞏固和拓展前期改革成果，推動軍兵種建設戰略轉型，構建中國特色現代軍事力量體系；打通改革"最後一公里"，確保各項改革舉措落地，讓一切戰鬥力要素的活力競相迸發，讓一切軍隊現代化建設的源泉充分湧流；保持永遠在路上的堅韌和執著，運用改革創新的辦法解決新情況新問題，堅定不移把改革進行到底。

黨提出新時代人民軍隊使命任務，創新軍事戰略指導，調整優化軍事戰略佈局，強化人民軍隊塑造態勢、管控危機、遏制戰爭、打贏戰爭的戰略功能。人民軍隊緊緊扭住戰鬥力這個唯一的根本的標準，扭住能打仗、打勝仗這個根本指向，壯大戰略力量和新域新質作戰力量，加強聯合作戰指揮體系和能力建設，大力糾治"和平積弊"，大抓實戰化軍事訓練，建設強大穩固的現代邊海空防，堅定靈活開展軍事鬥爭，有效應對外部軍事挑釁，震懾"台獨"分裂行徑，遂行邊防鬥爭、海上維權、反恐維穩、搶險救災、抗擊疫情、維和護航、人道主義救援和國際軍事合作等重大任務。

黨的十八大以來，以習近平同志為核心的黨中央深入推進備戰打仗。軍隊是要備戰打仗的，抓備戰打仗是人民軍隊的主責主業。

習近平主席要求全軍緊緊扭住能打仗、打勝仗這個強軍之要，牢固樹立戰鬥力這個唯一的根本的標準，把工作重心歸正到備戰打仗上來。要增強軍事戰略指導的進取性和主動性，把備戰與止戰、威懾與實戰、戰爭行動與和平時期軍事力量運用作為一個整體加以運籌，研究軍事、研究戰爭、研究打仗，加強聯合作戰指揮體系和能力建設，做好軍事鬥爭準備各項工作；大抓實戰化軍事訓練，深入推進實戰實訓、聯戰聯訓、科技強訓、依法治訓；著力建設一切為了打仗的後勤，加快構建適應信息化戰爭和履行使命要求的武器裝備體系。人民軍隊堅決貫徹習近平主席重要指示，堅持一切工作向能打仗、打勝仗聚焦，堅決做到召之即來、來之能戰、戰之必勝。

黨的十八大以來，在黨的堅強領導下，人民軍隊實現整體性革命性重塑、重整行裝再出發，國防實力和經濟實力同步提升，一體化國家戰略體系和能力加快構建，建立健全退役軍人管理保障體制，國防動員更加高效，軍政軍民團結更加鞏固。人民軍隊堅決履行新時代使命任務，以頑強鬥爭精神和實際行動捍衛了國家主權、安全、發展利益。

黨的十八大以來，人民軍隊實現整體性革命性重塑

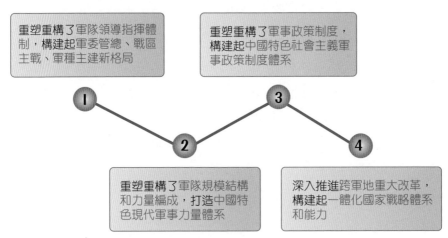

（十一）在維護國家安全上

改革開放以後，黨高度重視正確處理改革發展穩定關係，把維護國家安全和社會安定作為黨和國家的一項基礎性工作來抓，為改革開放和社會主義現代化建設營造了良好安全環境。進入新時代，我國面臨更為嚴峻的國家安全形勢，外部壓力前所未有，傳統安全威脅和非傳統安全威脅相互交織，"黑天鵝"、"灰犀牛"事件時有發生。同形勢任務要求相比，我國維護國家安全能力不足，應對各種重大風險能力不強，維護國家安全的統籌協調機制不健全。黨中央強調，國泰民安是人民群眾最基本、最普遍的願望。必須堅持底線思維、居安思危、未雨綢繆，堅持國家利益至上，以人民安全為宗旨，以政治安全為根本，以經濟安全為基礎，以軍事、科技、文化、社會安全為保障，以促進國際安全為依託，統籌發展和安全，統籌開放和安全，統籌傳統安全和非傳統安全，統籌自身安全和共同安全，統籌維護國家

 權威聲音

習近平（中共中央總書記、國家主席、中央軍委主席）：我們黨誕生於國家內憂外患、民族危難之時，對國家安全的重要性有著刻骨銘心的認識。新中國成立以來，黨中央對發展和安全高度重視，始終把維護國家安全工作緊緊抓在手上。黨的十八大以來，黨中央加強對國家安全工作的集中統一領導，把堅持總體國家安全觀納入堅持和發展中國特色社會主義基本方略，從全局和戰略高度對國家安全作出一系列重大決策部署，強化國家安全工作頂層設計，完善各重要領域國家安全政策，健全國家安全法律法規，有效應對了一系列重大風險挑戰，保持了我國國家安全大局穩定。

安全和塑造國家安全。

習近平同志強調保證國家安全是頭等大事，提出總體國家安全觀，涵蓋政治、軍事、國土、經濟、文化、社會、科技、網絡、生態、資源、核、海外利益、太空、深海、極地、生物等諸多領域，要求全黨增強鬥爭精神、提高鬥爭本領，落實防範化解各種風險的領導責任和工作責任。黨中央深刻認識到，面對來自外部的各種圍堵、打壓、搗亂、顛覆活動，必須發揚不信邪、不怕鬼的精神，同企圖顛覆中國共產黨領導和我國社會主義制度、企圖遲滯甚至阻斷中華民族偉大復興進程的一切勢力鬥爭到底，一味退讓只能換來得寸進尺的霸凌，委曲求全只能招致更為屈辱的境況。

堅持總體國家安全觀是新時代堅持和發展中國特色社會主義基本方略之一。堅持總體國家安全觀，既是習近平新時代中國特色社會主義思想的重要組成部分，又是落實習近平新時代中國特色社會主義思想的實踐要求。一是堅持政治安全、人民安全、國家利益至上有機統一。習近平總書記強調："當前我國國家安全內涵和外延比歷史上任何時候都要豐富，時空領域比歷史上任何時候都要寬廣，內外因素比歷史上任何時候都要複雜，必須堅持總體國家安全觀，以人民安全為宗旨，以政治安全為根本，以經濟安全為基礎，以軍事、文化、社會安全為保障，以促進國際安全為依託，走出一條中國特色國家安全道路。"只有堅持政治安全、人民安全、國家利益至上有機統一，才能實現黨長期執政、國家長治久安、人民安居樂業。二是堅持統籌發展和安全兩件大事。發展和安全是鳥之兩翼、車之雙輪。發展是安全的基礎，安全是發展的條件。統籌抓好這兩件大事，既要求善於運用發展成果夯實國家安全的實力基礎，又要求善於塑造有利於經濟社會發展的安全環境，做到堅持發展不停步、維護安全不懈怠。三是科學把握國家安全的全面性和系統性。總體國家安全觀強調"大安全"，不僅包括政治、軍事、國土等傳統安全，而且包括經濟、文化、社會、

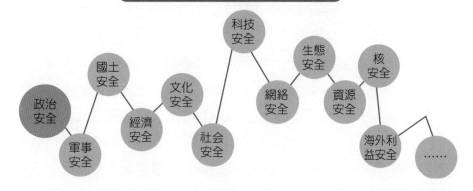

科技、網絡、生態、資源、核、海外利益等非傳統安全；不僅包括當下安全領域，而且包括太空、深海、極地、生物等新型領域；不僅包括物的安全，也包括人的安全。貫徹好總體國家安全觀，既要著力推進新時代國家安全全面發展進步，又要把維護重點領域國家安全作為主陣地、主戰場，著重抓好政治安全、國土安全、經濟安全、社會安全、網絡安全、外部安全等工作。

黨著力推進國家安全體系和能力建設，設立中央國家安全委員會，完善集中統一、高效權威的國家安全領導體制，完善國家安全法治體系、戰略體系和政策體系，建立國家安全工作協調機制和應急管理機制。黨把安全發展貫穿國家發展各領域全過程，注重防範化解影響我國現代化進程的重大風險，堅定維護國家政權安全、制度安全、意識形態安全，加強國家安全宣傳教育和全民國防教育，鞏固國家安全人民防線，推進興邊富民、穩邊固邊，嚴密防範和嚴厲打擊敵對勢力滲透、破壞、顛覆、分裂活動，頂住和反擊外部極端打壓遏制，開展涉港、涉台、涉疆、涉藏、涉海等鬥爭，加快建設海洋強國，有效維護國家安全。

黨的十八大以來，以習近平同志為核心的黨中央始終把防範化解重大風險作為維護國家安全的重中之重。在黨的十九大報告中，

習近平總書記把防範化解重大風險擺在打好三大攻堅戰的首位；2018
年1月，習近平總書記在新進中央委員會的委員、候補委員和省部級
主要領導幹部學習貫徹習近平新時代中國特色社會主義思想和黨的
十九大精神研討班開班式上，專門講了增強憂患意識、防範風險挑戰
要一以貫之的問題；2019年1月，習近平總書記在省部級主要領導幹
部堅持底線思維著力防範化解重大風險專題研討班開班式上的重要講
話中，對新形勢下黨和國家面臨的重大風險，作了多角度、全方位、
立體式的系統闡述。習近平總書記的一系列重要論述，為黨和國家有
效應對重大風險提供了強大思想武器和行動指南。

黨的十八大以來，國家安全得到全面加強，經受住了來自政治、
經濟、意識形態、自然界等方面的風險挑戰考驗，為黨和國家興旺發
達、長治久安提供了有力保證。

（十二）在堅持"一國兩制"和推進祖國統一上

香港、澳門回歸祖國後，重新納入國家治理體系，走上了同祖
國內地優勢互補、共同發展的寬廣道路，"一國兩制"實踐取得舉世
公認的成功。同時，一個時期，受各種內外複雜因素影響，"反中亂
港"活動猖獗，香港局勢一度出現嚴峻局面。黨中央強調，必須全面
準確、堅定不移貫徹"一國兩制"方針，堅持和完善"一國兩制"制
度體系，堅持依法治港治澳，維護憲法和基本法確定的特別行政區憲
制秩序，落實中央對特別行政區全面管治權，堅定落實"愛國者治
港"、"愛國者治澳"。

"一國兩制"方針是指在一個中國的前提下，國家的主體堅持社
會主義制度，香港、澳門、台灣保持原有的資本主義制度長期不變。
"一國兩制"是我國的一項基本國策，是中華民族對人類政治文明的
獨特貢獻。

黨中央審時度勢，作出健全中央依照憲法和基本法對特別行政區

行使全面管治權、完善特別行政區同憲法和基本法實施相關制度機制的重大決策，推動建立健全特別行政區維護國家安全的法律制度和執行機制、制定《中華人民共和國香港特別行政區維護國家安全法》、完善香港特別行政區選舉制度，落實"愛國者治港"原則，支持特別行政區完善公職人員宣誓制度。中央人民政府依法設立駐香港特別行政區維護國家安全公署，香港特別行政區依法設立維護國家安全委員會。中央堅定支持香港特別行政區依法止暴制亂、恢復秩序，支持行政長官和特別行政區政府依法施政，堅決防範和遏制外部勢力干預港澳事務，嚴厲打擊分裂、顛覆、滲透、破壞活動。全面支持香港、澳門更好融入國家發展大局，高質量建設粵港澳大灣區，支持港澳發展經濟、改善民生，增強港澳同胞國家意識和愛國精神。這一系列標本兼治的舉措，推動香港局勢實現由亂到治的重大轉折，為推進依法治港治澳、促進"一國兩制"實踐行穩致遠打下了堅實基礎。

這一系列標本兼治的治港治澳重大舉措，是全面準確、堅定不移貫徹"一國兩制"方針的必然選擇。推動香港局勢實現由亂到治的重大轉折充分表明，只有全面準確、堅定不移貫徹"一國兩制"方針，香港、澳門才能保持長期繁榮穩定。

解決台灣問題、實現祖國完全統一，是黨矢志不渝的歷史任務，是全體中華兒女的共同願望，是實現中華民族偉大復興的必然要求。黨把握兩岸關係時代變化，豐富和發展國家統一理論和對台方針政策，推動兩岸關係朝著正確方向發展。習近平同志就對台工作提出一系列重要理念、重大政策主張，形成新時代黨解決台灣問題的總體方略。我們推動實現 1949 年以來兩岸領導人首次會晤、兩岸領導人直接對話溝通。黨秉持"兩岸一家親"理念，推動兩岸關係和平發展，出台一系列惠及廣大台胞的政策，加強兩岸經濟文化交流合作。2016年以來，台灣當局加緊進行"台獨"分裂活動，致使兩岸關係和平發展勢頭受到嚴重衝擊。我們堅持一個中國原則和"九二共識"，堅決反對"台獨"分裂行徑，堅決反對外部勢力干涉，牢牢把握兩岸關係主導權和主動權。祖國完全統一的時和勢始終在我們這一邊。

黨的十八大以來，以習近平同志為核心的黨中央圍繞反對"台獨"採取了一系列重大舉措，取得了新的重大進展。堅決反對"台獨"分裂勢力及其活動，就是指絕不允許任何人、任何組織、任何政黨，在任何時候、以任何形式把台灣從中國分裂出去。反對和遏制"台獨"，是實現祖國統一的需要，是促進兩岸關係和平發展、保持台海和平的需要，也是促進地區和平發展乃至世界和平發展的需要。隨著新時代中國特色社會主義發展戰略安排的推進，祖國大陸將不斷增強對台灣社會的影響力、吸引力，不斷增強對兩岸關係發展的牽引力、主導權，從根本上決定著兩岸關係的走向。

完全可以預期，在以習近平同志為核心的黨中央堅強領導下，新時代對台工作必將展現全新氣象，祖國統一進程必將闊步向前，偉大的中華民族必將迎來祖國完全統一的那一刻。

實踐證明，有中國共產黨的堅強領導，有偉大祖國的堅強支撐，有全國各族人民包括香港特別行政區同胞、澳門特別行政區同胞和台灣同胞的同心協力，香港、澳門長期繁榮穩定一定能夠保持，祖國完全統一一定能夠實現。

（十三）在外交工作上

改革開放以後，黨堅持獨立自主的和平外交政策，為我國發展營造了良好外部環境，為人類進步事業作出重大貢獻。進入新時代，國際力量對比深刻調整，單邊主義、保護主義、霸權主義、強權政治對世界和平與發展威脅上升，逆全球化思潮上升，世界進入動盪變革期。黨中央強調，面對複雜嚴峻的國際形勢和前所未有的外部風險挑戰，必須統籌國內國際兩個大局，健全黨對外事工作領導體制機制，加強對外工作頂層設計，對中國特色大國外交作出戰略謀劃，推動建

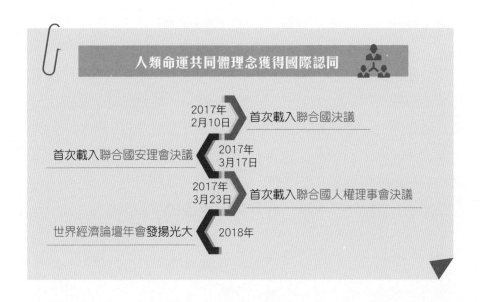

人類命運共同體理念獲得國際認同

2017年
2月10日　首次載入聯合國決議

首次載入聯合國安理會決議　2017年
3月17日

2017年
3月23日　首次載入聯合國人權理事會決議

世界經濟論壇年會發揚光大　2018年

設新型國際關係，推動構建人類命運共同體，弘揚和平、發展、公平、正義、民主、自由的全人類共同價值，引領人類進步潮流。

　　構建人類命運共同體，是馬克思主義中國化時代化的最新成果之一，科學回答了"世界向何處去、人類怎麼辦"的時代之問，體現了全人類共同價值追求，反映了中國發展與世界發展的高度統一，對中國和平發展、世界繁榮進步都具有重大而深遠的意義。構建人類命運共同體，具有鮮明的真理性、時代性、實踐性，是習近平新時代中國特色社會主義思想和習近平外交思想的重要組成部分，是一個立意高遠、思想深邃、內涵豐富的科學理論體系，展現了胸懷天下、面向未來，大道之行、天下為公的寬闊胸襟。構建人類命運共同體，不僅被寫入黨的十九大報告，被載入黨章和憲法，而且被寫入聯合國、上海合作組織等多邊機制重要文件，反映了各國人民的共同心聲，凝聚著國際社會的廣泛共識，其深遠影響正在持續擴大，並將隨著中國和世界的發展進一步彰顯。

　　黨把握新時代外交工作大局，緊扣服務民族復興、促進人類進步這條主線，高舉和平、發展、合作、共贏的旗幟，推進和完善全方位、多層次、立體化的外交佈局，積極發展全球伙伴關係。我們運籌大國關係，推進大國協調和合作。按照親誠惠容理念和與鄰為善、以鄰為伴的周邊外交方針深化同周邊國家關係，穩定周邊戰略依託，打造周邊命運共同體。秉持正確義利觀和真實親誠理念加強同廣大發展中國家團結合作，整體合作機制實現全覆蓋。黨同世界上 500 多個政黨和政治組織保持經常性聯繫，深化政黨交流合作。適應"走出去"日益擴大的新形勢，不斷完善海外利益保護體系，有力應對了一系列海外利益風險挑戰。

習近平總書記指出："中國共產黨是為中國人民謀幸福的黨，也是為人類進步事業而奮鬥的黨。" 黨的十八大以來，以習近平同志為核心的黨中央在提出實現中華民族偉大復興中國夢的同時，旗幟鮮明地提出要推動構建人類命運共同體，堅定做世界和平的建設者、全球發展的貢獻者、國際秩序的維護者，充分體現了中國共產黨自強不息、兼濟天下的博大胸懷和願為人類作出更大貢獻的使命擔當。

我國積極參與全球治理體系改革和建設，維護以聯合國為核心的國際體系、以國際法為基礎的國際秩序、以聯合國憲章宗旨和原則為基礎的國際關係基本準則，維護和踐行真正的多邊主義，堅決反對單邊主義、保護主義、霸權主義、強權政治，積極推動經濟全球化朝著更加開放、包容、普惠、平衡、共贏的方向發展。我國建設性參與國際和地區熱點問題政治解決，在氣候變化、減貧、反恐、網絡安全和維護地區安全等領域發揮積極作用。我國開展抗擊新冠肺炎疫情國際合作，發起新中國成立以來最大規模的全球緊急人道主義行動，向眾多國家特別是發展中國家提供物資援助、醫療支持、疫苗援助和合作，展現負責任大國形象。

面對突如其來的新冠肺炎疫情，習近平總書記強調："流行性疾病不分國界和種族，是人類共同的敵人。國際社會只有共同應對，才

2020年，習近平主席在第73屆世界衛生大會視頻會議開幕式上宣佈推進全球抗疫合作的實際舉措

- 中國將在兩年內提供20億美元國際援助，用於支持受疫情影響的國家特別是發展中國家抗疫鬥爭以及經濟社會恢復發展

- 中國將同聯合國合作，在華設立全球人道主義應急倉庫和樞紐，努力確保抗疫物資供應鏈，並建立運輸和清關綠色通道

- 中國將建立30個中非對口醫院合作機制，加快建設非洲疾控中心總部，助力非洲提升疾病防控能力

- 中國新冠疫苗研發完成並投入使用後，將作為全球公共產品，為實現疫苗在發展中國家的可及性和可擔負性作出中國貢獻

- 中國將同二十國集團成員一道落實"暫緩最貧困國家債務償付倡議"，並願同國際社會一道，加大對疫情特別重、壓力特別大的國家的支持力度，幫助其克服當前困難

能戰而勝之。"黨中央堅持把人民生命安全和身體健康放在第一位，全力做好常態化精準防控和局部應急處置，堅決打贏疫情防控的人民戰爭、總體戰、阻擊戰。我國積極推進國際抗疫合作，支持世界衛生組織發揮領導作用，加強國際聯防聯控，堅決遏制疫情蔓延。我國倡導完善全球疾病預防控制體系，提高監測預警和應急反應能力、重大疫情救治能力、應急物資儲備和保障能力、打擊虛假信息能力、向發展中國家提供支持能力。我國支持和參與全球疫情科學溯源，堅決反對任何形式的政治操弄。我國發起了新中國歷史上援助時間最集中、涉及範圍最廣的緊急人道主義行動，向發展中國家抗疫和恢復經濟社會發展提供援助，推動疫苗成為發展中國家用得上、用得起的公共產

品，為促進全球公共衛生安全、維護世界各國人民生命權健康權作出了不可磨滅的貢獻。

經過持續努力，中國特色大國外交全面推進，構建人類命運共同體成為引領時代潮流和人類前進方向的鮮明旗幟，我國外交在世界大變局中開創新局、在世界亂局中化危為機，我國國際影響力、感召力、塑造力顯著提升。

黨的十八大以來，在習近平總書記的親自擘劃和指揮下，黨對對外工作的集中統一領導制度體系更加完善，統籌協調更加有力，政黨、政府、人大、政協、軍隊、地方、民間等方面對外工作大協同更

 權威評論

王毅（國務委員兼外交部部長）：黨的十八大以來，習近平總書記以馬克思主義政治家、思想家、戰略家的卓越政治智慧、非凡理論勇氣，洞察時代風雲、把握時代脈搏、引領時代潮流，在對外工作領域提出一系列具有開創性意義的新理念新思想新戰略，形成了習近平外交思想。這一重要思想是習近平新時代中國特色社會主義思想的重要組成部分，是馬克思主義基本原理同中國特色大國外交實踐相結合的重大理論成果，是以習近平同志為核心的黨中央治國理政思想在外交領域的集中體現，是新時代我國對外工作的根本遵循和行動指南……在外交工作方面，正是由於有習近平總書記的親自把舵，有習近平外交思想的方向領航，我們才能在紛繁複雜的世界亂局中科學判斷時代發展大勢，精準辨析國際體系轉型過渡期與我國發展歷史交匯期的階段性特徵，準確把握我國發展所處的新的歷史方位，明確以實現中華民族偉大復興為使命推進新時代中國特色大國外交。

加順暢；我國的外交戰略佈局更加完善，全方位、多層次、寬領域、立體化的全球伙伴關係網絡基本形成；外交工作服務國家發展大局更加高效，推動並實現了更大範圍、更寬領域、更深層次的對外開放和互利合作格局。面對反華勢力在台灣、涉港、涉疆、涉藏、涉海、人權等一系列問題上的攻擊抹黑，面對國際上單邊主義、保護主義、霸凌主義再度抬頭，展開了針鋒相對的鬥爭，有力捍衛了國家主權、安全、發展利益，為全面建成小康社會、進而全面建設社會主義現代化國家創造了總體有利的外部環境。習近平外交思想指引中國外交在世界大變局中開創新局，我國國際影響力、感召力、塑造力顯著提升。

總之，黨的十八大以來，以習近平同志為核心的黨中央領導全黨全軍全國各族人民砥礪前行，全面建成小康社會目標如期實現，黨和國家事業取得歷史性成就、發生歷史性變革，彰顯了中國特色社會主義的強大生機活力，黨心軍心民心空前凝聚振奮，為實現中華民族偉大復興提供了更為完善的制度保證、更為堅實的物質基礎、更為主動的精神力量。中國共產黨和中國人民以英勇頑強的奮鬥向世界莊嚴宣告，中華民族迎來了從站起來、富起來到強起來的偉大飛躍。

在新的歷史起點上，黨的外事工作要堅持以習近平新時代中國特色社會主義思想為指導，深入貫徹習近平外交思想，堅持不懈推動構建人類命運共同體，為服務中華民族偉大復興、促進人類進步不斷作出新的更大貢獻。

第六講

中國共產黨百年奮鬥的
歷史意義

100 年來，黨始終踐行初心使命，團結帶領全國各族人民繪就了人類發展史上的壯美畫卷，中華民族偉大復興展現出前所未有的光明前景。《決議》在全面回顧總結黨的百年奮鬥歷程和重大成就基礎上，以更宏闊的視角，從五個方面深刻、系統闡述了黨對中國人民、對中華民族、對馬克思主義、對人類進步事業、對馬克思主義政黨建設所作的歷史性貢獻，深刻揭示了黨百年奮鬥的重大歷史意義和價值所在。這是我們黨對自己百年奮鬥的歷史意義最具穿透力的概括和表達。這五個方面的概括，既反映中國實踐，又放眼世界發展，體現了中國共產黨和中華民族、世界人民的關係，體現了中國共產黨百年歷史和馬克思主義發展史、社會主義發展史、人類社會歷史的深刻關係，彰顯了中國共產黨百年奮鬥的理論意義、實踐意義、歷史意義。

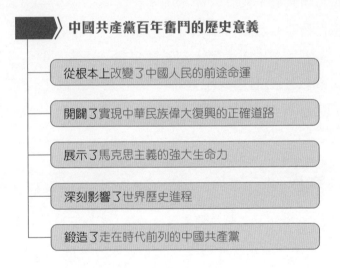

中國共產黨百年奮鬥的歷史意義

從根本上改變了中國人民的前途命運

開闢了實現中華民族偉大復興的正確道路

展示了馬克思主義的強大生命力

深刻影響了世界歷史進程

鍛造了走在時代前列的中國共產黨

一、黨的百年奮鬥從根本上改變了中國人民的前途命運

　　近代以後，中國人民深受三座大山壓迫，被西方列強辱為"東亞

病夫"。100年來,黨領導人民經過波瀾壯闊的偉大鬥爭,中國人民徹底擺脫了被欺負、被壓迫、被奴役的命運,成為國家、社會和自己命運的主人,人民民主不斷發展,14億多人口實現全面小康,中國人民對美好生活的嚮往不斷變為現實。今天,中國人民更加自信、自立、自強,極大增強了志氣、骨氣、底氣,在歷史進程中積累的強大能量充分爆發出來,煥發出前所未有的歷史主動精神、歷史創造精神,正在信心百倍書寫著新時代中國發展的偉大歷史。

在百年接續奮鬥中,中國共產黨團結帶領人民開闢了偉大道路、建立了偉大功業、鑄就了偉大精神、積累了寶貴經驗,譜寫了艱苦卓絕的奮鬥凱歌,創造了彪炳史冊的人間奇跡。

中國共產黨把為中國人民謀幸福、為中華民族謀復興作為始終如一的初心和使命,團結帶領中國人民戰勝一個又一個艱難險阻,譜寫了感天動地的壯麗詩篇。今天,植根於中國大地的民主制度不斷完善,人民民主不斷發展,創新源泉充分湧流,創造活力競相迸發,人民群眾依法通過民主選舉、民主協商、民主決策、民主管理、民主監督等多種形式參與國家和社會事務管理,享受著前所未

 權威評論

李毅〔中共中央黨校(國家行政學院)副校(院)長〕:實現共同富裕,是循序漸進發展的過程。推進共同富裕,既要千方百計做大做好"蛋糕",也要公平合理分好"蛋糕";既要不斷滿足人民群眾對美好生活的嚮往,也要不斷滿足人民群眾多樣化、多層次、多方面的精神文化需求,促進社會和諧穩定、人民安居樂業,使廣大人民群眾獲得感、幸福感、安全感更加充實、更有保障、更可持續。

有的各項權利。

習近平總書記指出：“人民對美好生活的嚮往，就是我們的奮鬥目標。”中國共產黨的百年奮鬥，都是為了讓人民過上幸福生活。100 年來，中華大地發生了翻天覆地的歷史巨變，中國綜合實力和國際影響力顯著提升，人民過上了幾千年來夢寐以求的美好生活，向著共同富裕的美好明天不斷前進。

特別是黨的十八大以來，以習近平同志為核心的黨中央統籌推進“五位一體”總體佈局、協調推進“四個全面”戰略佈局，堅持和完善中國特色社會主義制度、推進國家治理體系和治理能力現代化，解決了許多長期想解決而沒有解決的難題，辦成了許多過去想辦而沒有辦成的大事，取得了改革開放和社會主義現代化建設的歷史性成就，推動黨和國家事業發生了歷史性變革。從 2012 年到 2020 年，我國國內生產總值從 51.9470 萬億元增加到 101.5986 萬億元，經濟總量穩居世

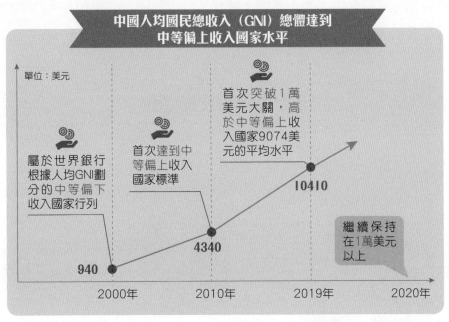

中國人均國民總收入（GNI）總體達到中等偏上收入國家水平

單位：美元

屬於世界銀行根據人均GNI劃分的中等偏下收入國家行列

首次達到中等偏上收入國家標準

首次突破1萬美元大關，高於中等偏上收入國家9074美元的平均水平

10410

繼續保持在1萬美元以上

940

4340

2000年　　2010年　　2019年　　2020年

數據來源：《人民日報》

界第二。中國人民從總體小康到全面小康，過上了日益富足的生活，獲得感、幸福感、安全感不斷增強，生存權、發展權有效保障。人均國民總收入處於中等偏上收入經濟體行列，正在向高收入國家邁進。文化事業和文化產業繁榮發展，人民的精神生活更加豐富、更加活躍。生態文明建設取得豐碩成果，人民生活的家園天更藍、山更綠、水更清。

人民精神面貌發生由內而外的深刻變化，中國人民不僅在物質上富了起來，也在精神上強了起來，意氣風發地邁向更加美好的未來。中國人民可以平視世界，道路自信、理論自信、制度自信、文化自信極大增強，共產黨好、社會主義好、改革開放好、偉大祖國好、各族人民好的時代主旋律高亢響亮，中國特色社會主義和中國夢深入人心。愛國主義精神、改革創新精神、新時代奮鬥精神廣泛弘揚，社會主義核心價值觀傳播踐行，中華優秀傳統文化傳承發展，全社會充滿向美向上向善的正能量。中國人民天下一家的情懷更加彰顯，希望世界更加和平、各國人民生活更加美好。

二、黨的百年奮鬥開闢了實現中華民族偉大復興的正確道路

近代以後，創造了燦爛文明的中華民族遭遇到文明難以賡續的深重危機，呈現在世界面前的是一派衰敗凋零的景象。100年來，黨領導人民不懈奮鬥、不斷進取，成功開闢了實現中華民族偉大復興的正確道路。中國從四分五裂、一盤散沙到高度統一、民族團結，從積貧積弱、一窮二白到全面小康、繁榮富強，從被動挨打、飽受欺凌到獨立自主、堅定自信，僅用幾十年時間就走完發達國家幾百年走過的工業化歷程，創造了經濟快速發展和社會長期穩定兩大奇

跡。今天，中華民族向世界展現的是一派欣欣向榮的氣象，巍然屹立於世界東方。

中國特色社會主義制度是人類制度文明史上的偉大創造。中華民族是世界上偉大的民族，中華文明是世界上唯一沒有中斷的文明。鴉片戰爭後，由於西方列強的入侵和封建統治的腐敗，中華民族陷入了黑暗深淵，中華文明遭受了深重危機。中國共產黨一經成立，就義無反顧肩負起實現中華民族偉大復興的歷史使命。經過中國共產黨團結帶領人民進行的艱苦卓絕的百年奮鬥，中華民族實現了從幾千年封建專制政治向人民民主的偉大飛躍，實現了由不斷衰落到根本扭轉命運、持續走向繁榮富強的偉大飛躍，中華文明綻放出風采奪目、無比耀眼的新光芒。正如習近平總書記指出的，"中國共產黨領導中國人民取得的偉大勝利，使具有 5000 多年文明歷史的中華民族全面邁向現代化，讓中華文明在現代化進程中煥發出新的蓬勃生機"。

在長期實踐探索中，我們黨團結帶領全國各族人民堅持獨立自主走自己的路，開闢了新民主主義革命道路，開闢了社會主義革命和建設道路，開闢了中國特色社會主義道路，推動中國特色社會主義進入新時代，創造了新民主主義革命的偉大成就，創造了社會主義革命和建設的偉大成就，創造了改革開放和社會主義現代化建設的偉大成就，創造了新時代中國特色社會主義的偉大成就，中華民族迎來了從站起來、富起來到強起來的偉大飛躍，開始了實現中華民族偉大復興的征程。

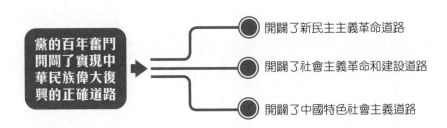

黨的百年奮鬥開闢了實現中華民族偉大復興的正確道路

- 開闢了新民主主義革命道路
- 開闢了社會主義革命和建設道路
- 開闢了中國特色社會主義道路

中華民族之所以能迎來從站起來、富起來到強起來的偉大飛躍，最根本的是因為黨領導人民探索形成的中國特色社會主義道路。中國特色社會主義是黨和人民歷經千辛萬苦、付出巨大代價取得的根本成就。中國特色社會主義道路寄託了幾代中國共產黨人的奮鬥和追求，凝聚著無數仁人志士的鮮血和犧牲。中國特色社會主義道路是植根於中國大地、包含了人民期盼的科學道路，也是通向中華民族偉大復興的唯一正確道路。從偉大實踐中的偉大創造看，在中華人民共和國成立 70 多年的持續探索中，在改革開放 40 多年的成功實踐中，我們最終找到了中國特色社會主義這一實現中華民族偉大復興的正確道路。歷史和實踐充分證明，只有社會主義才能救中國，只有社會主義才能發展中國，只有堅持和發展中國特色社會主義才能實現中華民族偉大復興。

　　在 100 年的非凡奮鬥歷程中，中國共產黨團結帶領中國人民創造了人類發展的奇跡。中國從一窮二白發展成為經濟總量超過 100 萬億元的世界第二大經濟體。這是經濟快速發展的奇跡。中國社會在現代化的急劇變革中保持和諧穩定，中國人民安居樂業，中國成為世界上

 權威評論

　　曲青山（中共中央黨史和文獻研究院院長）：中國特色社會主義在改革開放中創立形成，在改革開放中譜寫了一個又一個嶄新的篇章。中國特色社會主義是黨和人民長期奮鬥、創造、積累的根本成就，是改革開放以來黨的全部理論和實踐的主題。新時代中國特色社會主義是黨領導人民進行偉大社會革命的成果，又是黨領導人民進行偉大社會革命的繼續。推進中國特色社會主義偉大事業任重而道遠，改革開放只有進行時，沒有完成時。

最有安全感的國家之一。這是社會長期穩定的奇跡。

　　新中國成立70多年來，我國國內生產總值從1952年的679.1億元躍升至2020年的101.6萬億元，實際增長約189倍；國內生產總值，1986年首次超過1萬億元；2000年超過意大利，成為世界第六大經濟體；2005年超過法國，成為世界第五大經濟體；2006年超過英國，成為世界第四大經濟體；2007年超過德國，成為世界第三大經濟體；2010年超過日本，成為世界第二大經濟體。2020年，我國經濟總量已經超過美國的70%；國內生產總值佔世界的比重，從1978年的1.7%多上升到2020年的約17%。我們黨領導全國各族人民用幾十年時間走完了發達國家幾百年走過的工業化歷程，創造了經濟發展的"中國奇跡"。1953年，全國83.1%的勞動力從事農業生產，工業就業人數的比重僅為8.0%，工業增加值佔國內生產總值的比重僅為17.6%。我國通過20世紀50年代的156個重點工業項目、六七十年代的三線建

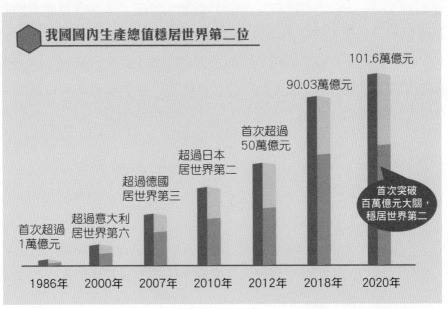

數據來源：國家統計局網站

設佈局、70 年代的兩次大規模技術引進，基本建立了獨立的、比較完整的工業體系。改革開放後，社會主義市場經濟體制得到確立，宏觀調控模式持續優化；國有企業建立現代企業制度，不斷做優做大做強；民營經濟蓬勃發展，在產業發展中佔據重要地位；對外開放向全面縱深發展，逐步形成全方位、多層次、寬領域的對外開放新格局。我國主要工業產品產量飛速增長，產業國際競爭力顯著增強。根據世界銀行的統計，按現價美元測算，我國製造業增加值 2010 年超過美國，位列世界第一，佔全球比重達到 17.6%。2020 年，我國製造業增加值全球比重達到近 30%，連續 11 年位居世界第一。這些變化深刻改變了全球製造業乃至全球經濟發展的格局。我國工業擁有 41 個大類、207 個中類、666 個小類，是全世界唯一擁有聯合國產業分類中所列全部工業門類的國家。2020 年，我國已有 220 多種工業產品產量居世界第一位。高技術製造業佔規模以上工業增加值比重從 2012 年的 9.4% 提高到 2020 年的 15.1%，裝備製造業佔規模以上工業增加值比重提高到 33.7%。光伏、新能源汽車、家電、智能手機等重點產業躋身世界前列，通信設備、高鐵等領域的一批高端品牌走向全球。2021 年 8 月美國《財富》雜誌發佈的 "2021 財富世界 500 強企業榜" 中，我國工業領域企業有 73 家入圍，"中國製造" 在全球產業鏈供應鏈中的影響力持續攀升。

穩定是發展的基礎，是人民安居樂業的條件。在黨的領導下，我國社會長期穩定。從社會管理到社會治理，從加快形成科學有效的社會治理體制到打造共建共治共享的社會治理格局，社會治理的社會化、法治化、智能化、專業化水平不斷提升，建設更高水平的平安中國成效顯著。社會治安防控體系持續完善，防控觸角延伸到 "最後一公里"，人民群眾的安全感和滿意度顯著提高。掃黑除惡專項鬥爭深入開展，打 "網" 破 "傘" 重拳出擊，黑惡勢力被有效鏟除，黑惡犯罪得到根本遏制，社會治安環境顯著改善，法治權威充分彰顯，人民

中國人民的安全感和幸福感大幅提升

2020 年

 全國群眾安全指數為 **98.4%**

 據國際知名民調機構益普索集團發佈的2020年度全球幸福感調查報告，中國是參與此次調查的國家中幸福指數最高的，感到非常幸福或比較幸福的中國人比例高達93%

數據來源：中國新聞網、中國日報網

群眾拍手稱快。小事不出村、大事不出鎮、矛盾不上交，基層社會矛盾預防和化解能力顯著增強。網格化管理、精細化服務、信息化支撐、開放共享的基層管理服務體系不斷完善，基層治理新格局逐步形成，市域社會治理現代化穩步推進，社會治理整體效能顯著提升。2020 年，全國群眾安全感為 98.4%。中國長期保持社會和諧穩定、人民安居樂業，成為國際社會公認的最有安全感的國家之一。國際知名民調機構統計顯示，2020 年中國是參與調查國家中幸福指數最高的，感到非常幸福或比較幸福的中國人比例高達 93%。今天的中國，是一個和睦的中國，中華民族共同體意識顯著增強。56 個民族像石榴籽一樣緊緊抱在一起，各民族相互離不開，"中華民族一家親，同心共築中國夢"成為新時代民族團結進步的生動寫照。

中國特色社會主義是理論邏輯和歷史邏輯的科學統一，是當代中國發展進步的根本方向。深入貫徹落實習近平新時代中國特色社會主義思想，必將開闢中國特色社會主義發展的廣闊前景。

三、黨的百年奮鬥展示了馬克思主義的強大生命力

馬克思主義揭示了人類社會發展規律，是認識世界、改造世界的科學真理。同時，堅持和發展馬克思主義，從理論到實踐都需要全世界的馬克思主義者進行極為艱巨、極具挑戰性的努力。100年來，黨堅持把馬克思主義寫在自己的旗幟上，不斷推進馬克思主義中國化時代化，用博大胸懷吸收人類創造的一切優秀文明成果，用馬克思主義中國化的科學理論引領偉大實踐。馬克思主義的科學性和真理性在中國得到充分檢驗，馬克思主義的人民性和實踐性在中國得到充分貫徹，馬克思主義的開放性和時代性在中國得到充分彰顯。馬克思主義中國化時代化不斷取得成功，使馬克思主義以嶄新形象展現在世界上，使世界範圍內社會主義和資本主義兩種意識形態、兩種社會制度的歷史演進及其較量發生了有利於社會主義的重大轉變。

習近平總書記在慶祝中國共產黨成立100週年大會上的重要講話中指出："中國共產黨為什麼能，中國特色社會主義為什麼好，歸根到底是因為馬克思主義行！"這科學揭示了百年來我們黨為什麼能夠

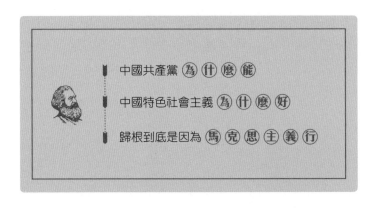

成功，深刻闡發了未來我們怎樣才能繼續成功，為我們黨更加堅定、更加自覺地踐行初心使命，帶領全國各族人民開創美好未來指明了方向、提供了遵循。

馬克思主義是中國共產黨的根本指導思想，是黨的靈魂，是指引黨不斷前行的光輝旗幟。黨的奮鬥歷史，就是不斷推進馬克思主義中國化的歷史，就是不斷推進理論創新、進行理論創造的理論探索史。

馬克思主義深刻揭示了自然界、人類社會、人類思維發展的普遍規律，為人類社會發展進步指明了方向，極大推進了人類文明進程。馬克思主義提出的共產主義、社會主義理想，與中華文明重民本、尚和合、求大同的理念相契合，與中國歷代有志之士追求民富國強的夢想相適應，與近代以來中國先進分子救亡圖存的願望相一致。更為可貴的是，馬克思主義不僅提出了共產主義的遠大理想，而且指明了實現這個理想的方法和路徑。馬克思主義傳入中國後，中國共產黨的早期創立者，經過親身實踐、審慎思考、反覆推求，選擇了馬克思主

權威評論

陳先達（中國人民大學哲學院教授）：馬克思主義不是教條，而是科學的、人民的、實踐的、不斷發展的開放的理論，始終站在時代前沿。它源於特定時代而又超越時代，隨著實踐的變化而發展。馬克思主義基本原理宛如一把“萬能鑰匙”，但如果沒有“鎖”它也難以發揮應有的作用。“鎖”就是問題，存在於實踐中，存在於各門學科中。做新時代馬克思主義者，就要堅持理論聯繫實際，通過學習馬克思主義基本原理，樹立正確的世界觀和方法論，學會分析問題、解決問題，學會“開鎖”，而不是僅僅把“萬能鑰匙”放在手中把玩。

義。中國共產黨人一旦選擇了馬克思主義，就一以貫之、堅定不移地堅持它、發展它、維護它，從來沒有動搖過、改變過、放棄過。

馬克思主義的強大生命力，在於其真理性和科學性。中國共產黨始終把馬克思主義作為自己的行動指南，並在實踐鬥爭中不斷豐富和發展馬克思主義，完成了近代以來其他政治力量沒有完成的艱巨歷史任務。馬克思主義使我們黨以中華民族發展為己任，發揚辯證唯物主義和歷史唯物主義的科學精神，以無私無畏的博大胸懷領導中國革命、建設、改革，不斷取得輝煌勝利。馬克思主義為中國共產黨提供了科學的世界觀和方法論。

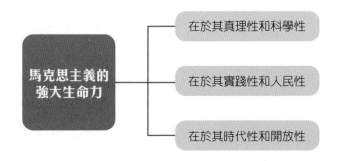

馬克思主義的強大生命力，在於其實踐性和人民性。馬克思主義以為人民大眾謀幸福為基礎，馬克思、恩格斯胸懷無產階級和全人類解放事業，創造了馬克思主義的科學理論。在馬克思主義的指導下，中國共產黨始終堅持一切為了人民，同人民群眾手牽手、心連心，為中華民族創造了豐功偉績。

馬克思主義的強大生命力，在於其時代性和開放性。馬克思主義是不斷發展的科學理論。中國共產黨順應時代需要，不斷推進馬克思主義中國化，為馬克思主義不斷注入新的生機和活力，不斷實現馬克思主義中國化新飛躍。

中國共產黨把馬克思主義作為認識世界、把握規律、追求真理、改造世界的強大思想武器，而不是一成不變的教條，把馬克思主義同實際結合、同群眾結合，是中國共產黨運用馬克思主義解決中國問題所具有的特點和優點。100年來，中國共產黨不斷推進馬克思主義中國化時代化，不斷開闢馬克思主義新境界，創立了毛澤東思想和鄧小平理論，形成了"三個代表"重要思想和科學發展觀，創立了習近平新時代中國特色社會主義思想，為黨和人民事業發展提供了科學理論指導，為豐富和發展馬克思主義作出重大原創性貢獻。

以史為鑒，可以知興替。一個民族要走在時代前列，就一刻不能沒有理論思維，一刻不能沒有思想指引。今天，馬克思主義在21世紀的中國煥發出旺盛的生機活力，21世紀中國的馬克思主義展現出更強大、更有說服力的真理力量。當前，中華民族偉大復興正處在關鍵時期，機遇前所未有，挑戰也前所未有。回望過往的奮鬥路，眺望前方的奮進路，必須以科學的態度對待科學，以真理的精神追求真理，不斷賦予馬克思主義新的時代內涵，用馬克思主義的真理光芒照耀我們的前行之路。

隨著中國特色社會主義進入新時代，中國的發展進一步凸顯馬克思主義的重要指導作用，彰顯馬克思主義鮮活的生命力。富強民主文明和諧美麗的社會主義現代化強國所代表的全方位的現代化進程，作為現代中國偉大的社會革命，必將不斷彰顯馬克思主義終極理想的巨大魅力。

四、黨的百年奮鬥深刻影響了世界歷史進程

黨和人民事業是人類進步事業的重要組成部分。100年來，黨既為中國人民謀幸福、為中華民族謀復興，也為人類謀進步、為世界謀大同，以自強不息的奮鬥深刻改變了世界發展的趨勢和格局。黨領導人民成功走出中國式現代化道路，創造了人類文明新形態，拓展了發

展中國家走向現代化的途徑，給世界上那些既希望加快發展又希望保持自身獨立性的國家和民族提供了全新選擇。黨推動構建人類命運共同體，為解決人類重大問題，建設持久和平、普遍安全、共同繁榮、開放包容、清潔美麗的世界貢獻了中國智慧、中國方案、中國力量，成為推動人類發展進步的重要力量。

習近平總書記在慶祝中國共產黨成立 100 週年大會上的重要講話中指出："我們堅持和發展中國特色社會主義，推動物質文明、政治文明、精神文明、社會文明、生態文明協調發展，創造了中國式現代化新道路，創造了人類文明新形態。"在 100 年的輝煌歷程中，中國共產黨團結帶領中國人民開創了中國式現代化道路，創造了人類現代化史上的奇跡，14 億多人口的社會主義大國全面建成小康社會。它標誌著人類社會消滅貧困的方式已經走出了資本主義所限定的框框，在科學社會主義的推動下，世界歷史將在實現人類真正平等的事業上翻開全新的一頁。

充滿活力的發展模式，持續快速的經濟增長，為實現中華民族偉大復興進入不可逆轉的歷史進程奠定了堅實的物質基礎。中國從 1949 年人均國民總收入僅 27 美元，到 2019 年、2020 年人均國內生產總值連續兩年超過 1 萬美元，實現了從低收入國家向中低收入國家、再到

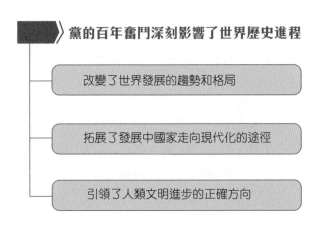

黨的百年奮鬥深刻影響了世界歷史進程

- 改變了世界發展的趨勢和格局
- 拓展了發展中國家走向現代化的途徑
- 引領了人類文明進步的正確方向

中高收入國家的躍升。2020年末，我國常住人口城鎮化率達63.9%，實現了從農業大國到工業大國的歷史性轉變，連續11年成為世界第一製造業大國。中國已成為世界第二大經濟體、製造業第一大國、貨物貿易第一大國、商品消費第二大國、外資流入第二大國，外匯儲備連續多年位居世界第一。中國在世界上的影響力快速提升，中華民族正以昂揚的姿態走近世界舞台的中央。自2006年起，我國已連續15年成為世界經濟增長的最大貢獻國，連續多年對世界經濟增長的平均貢獻率超過30%，成為推動世界經濟增長的主要動力源。

中國式現代化新道路具有鮮明特徵。中國式現代化，是人口規模巨大的現代化，意味著比現在所有發達國家人口總和還要多的中國人民將進入現代化行列，從而徹底改寫現代化的世界版圖；是全體人民共同富裕的現代化，意味著要推動發展成果更多更公平惠及全體人民，不斷提高人民群眾的獲得感、幸福感、安全感；是物質文明和精神文明相協調的現代化，意味著不僅人民物質生活水平不斷提高、家家倉廩實衣食足，而且精神文化生活日益豐富、人人知禮節明榮辱；是人與自然和諧共生的現代化，意味著既要創造更多物質財富和精神財富以滿足人民日益增長的美好生活需要，也要提供更多優質生態產品以滿足人民日益增長的優美生態環境需要；是走和平發展道路的現

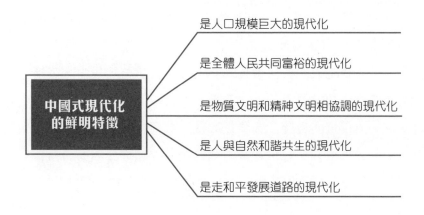

中國式現代化
的鮮明特徵

是人口規模巨大的現代化

是全體人民共同富裕的現代化

是物質文明和精神文明相協調的現代化

是人與自然和諧共生的現代化

是走和平發展道路的現代化

代化，意味著超越西方一些國家實現現代化的老路，在發展自身的同時造福世界，不斷為世界和平與發展注入強大正能量。

中國式現代化道路，既體現了人類社會的發展規律和現代化的普遍要求，又同西方現代化道路有著本質區別。中國式現代化新道路，既遵循現代化普遍規律，又立足中國國情，彰顯中國特色，引領時代潮流，弘揚和平、發展、公平、正義、民主、自由的全人類共同價值，對中國發展、世界發展、社會主義發展都具有重大意義。同時，中國特色社會主義為世界貢獻了中國智慧、中國方案，創造了人類文明新形態，推動人類文明不斷發展。

中國式現代化道路，給世界上那些既希望加快發展，又希望保持自身獨立性的國家和民族提供了全新選擇，為人類對現代化道路的探索作出了巨大貢獻。習近平總書記指出：“一個和平發展的世界應該

延伸問答

問：中國式現代化道路和西方現代化道路是什麼關係？

答：中國式現代化道路和西方現代化道路不是替代關係，而是共存關係。我們並不排斥西方現代化，而是學習借鑒了西方現代化的有益經驗，吸取了教訓。在現代性或現代價值上，中國價值具有更大的包容性。習近平總書記指出，中國共產黨將繼續同一切愛好和平的國家和人民一道，弘揚和平、發展、公平、正義、民主、自由的全人類共同價值。全人類共同價值的提出，表達了中國共產黨宏大的胸懷。公平、正義、民主、自由，是近代以來人類追求的共同價值。同時，合作、共贏，共商、共建、共享等中國價值，是基於中國式現代化實踐，我們提供的新的全球共同價值，是在自由、民主、公正的基礎上所提供給人類的新的價值理念。

承載不同形態的文明，必須兼容走向現代化的多樣道路。""每個國家自主探索符合本國國情的現代化道路的努力都應該受到尊重。中國共產黨願同各國政黨交流互鑒現代化建設經驗，共同豐富走向現代化的路徑，更好為本國人民和世界各國人民謀幸福。"中國作為世界上最大的發展中國家實現現代化，將不僅極大推進世界現代化進程、徹底改寫世界現代化版圖、極大提升人類發展水平，而且以自己的成功實踐昭示世人：中國式現代化新道路既遵循世界現代化的一般規律，又探索中國作為發展中國家走向現代化的特殊規律，極大豐富了現代化理論，拓展了發展中國家走向現代化的途徑，為他們提供了有益借鑒、全新選擇。

黨的百年奮鬥引領了人類文明進步的正確方向。習近平主席曾明確指出："人類生活在同一個地球村裏，生活在歷史和現實交匯的同一個時空裏，越來越成為你中有我、我中有你的命運共同體。"沒有哪個國家能夠獨自應對人類面臨的各種挑戰，世界各國要開展全球性協作，共同構建人類命運共同體。要實現這一目標，世界各國應該共同走和平發展道路，共同推動建設相互尊重、公平正義、合作共贏的新型國際關係，建設持久和平、普遍安全、共同繁榮、開放包容、清潔美麗的世界。習近平主席對構建人類命運共同體的倡議，受到國際社會的高度評價和熱烈響應，多次被聯合國文件所引用。中國既是構建人類命運共同體的倡導者，也是積極踐行者。人類命運共同體強調互幫互助、互惠互利、利益共享，堅持雙贏、多贏、共贏的新理念。它著眼於人類未來命運，關切各個民族國家的共同利益，著眼於相互依存的共同利益觀、可持續發展觀等，謀求各民族、國家利益的最大公約數，是一種新型的全球治理觀。中國堅持把中國發展與世界共同發展相結合，堅持把中國夢與世界夢相結合，為實現中國人民和世界人民對美好生活的嚮往而奮鬥。推動構建人類命運共同體已經成為中國特色大國外交的鮮明標識，得到了國際社會的廣泛認同。

五、黨的百年奮鬥鍛造了走在時代前列的中國共產黨

　　黨成立時只有 50 多名黨員，今天已成為擁有 9500 多萬名黨員、領導著 14 億多人口大國、具有重大全球影響力的世界第一大執政黨。100 年來，黨堅持性質宗旨，堅持理想信念，堅守初心使命，勇於自我革命，在生死鬥爭和艱苦奮鬥中經受住各種風險考驗、付出巨大犧牲，錘煉出鮮明政治品格，形成了以偉大建黨精神為源頭的精神譜系，保持了黨的先進性和純潔性，黨的執政能力和領導水平不斷提高，正領導中國人民在中國特色社會主義道路上不可逆轉地走向中華民族偉大復興，無愧為偉大光榮正確的黨。

　　習近平總書記在慶祝中國共產黨成立 100 週年大會上的重要講話

 權威評論

　　歐陽淞（原中共中央黨史研究室主任）：偉大建黨精神的創建者是中國共產黨的先驅們；弘揚者是一代又一代中國共產黨人；時間起點為 100 年前；時間跨度已延續百年……偉大建黨精神中，"堅持真理、堅守理想"，是中國共產黨的命脈和靈魂，展現的是黨的思想的力量；"踐行初心、擔當使命"，是中國共產黨人全部實踐的主題和紅線，展現的是黨的宗旨的力量；"不怕犧牲、英勇鬥爭"，是中國共產黨人的風骨和品質，展現的是中國共產黨人意志的力量；"對黨忠誠、不負人民"，是中國共產黨人的大德和公德，展現的是中國共產黨人黨性的力量。

中指出：“一百年前，中國共產黨的先驅們創建了中國共產黨，形成了堅持真理、堅守理想，踐行初心、擔當使命，不怕犧牲、英勇鬥爭，對黨忠誠、不負人民的偉大建黨精神，這是中國共產黨的精神之源。”

100 年來，中國共產黨從偉大建黨精神這一源頭出發，在長期奮鬥中形成一系列偉大精神，構建起中國共產黨人的精神譜系，為民族精神注入了新內涵、開闢了新境界，推動中華民族不斷煥發出新的生機和活力。這些精神包括：建黨精神，井岡山精神、蘇區精神、長征精神、遵義會議精神、延安精神、抗戰精神、紅岩精神、西柏坡精神、照金精神、東北抗聯精神、南泥灣精神、太行精神（呂梁精神）、大別山精神、沂蒙精神、老區精神、張思德精神，抗美援朝精神、“兩彈一星”精神、雷鋒精神、焦裕祿精神、大慶精神（鐵人精神）、紅旗渠精神、北大荒精神、塞罕壩精神、“兩路”精神、老西藏精神（孔繁森精神）、西遷精神、王杰精神，改革開放精神、特區精神、抗洪精神、抗擊“非典”精神、抗震救災精神、載人航天精神、勞模精神（勞動精神、工匠精神）、青藏鐵路精神、女排精神，脫貧攻堅精神、抗疫精神、“三牛”精神、科學家精神、企業家精神、探月精神、新時代北斗精神、絲路精神，等等。這些精神，都是建黨精神的傳承和發展，集中體現了黨的性質宗旨、理想信念、初心使命、優良作風，充分反映了建黨精神和黨的優秀品格，是我們黨最寶貴的精神財富，是激勵我們奮勇前進的強大精神動力，為我們黨提供了豐厚滋養。

中國共產黨在推進民族復興的偉大實踐中，不斷推進自我革命，堅定不移全面從嚴治黨，不斷強化黨內監督，堅持自我淨化、自我完善、自我革新、自我提高，始終保持黨的先進性和純潔性。我們黨“堅持真理，修正錯誤”，“為人民利益堅持好的、改正錯的”：按照好幹部標準培養選拔執政骨幹，加強理論學習，不斷提高長期執政能力；堅持制度治黨、依規治黨，認真開展批評和自我批評，依靠嚴明紀律保證全黨步調一致；堅決整治形式主義、官僚主義、享樂主義和奢靡之風等不正之風，樹立清正廉潔、求真務實等優良作風，始終保持同人民群眾的血肉聯繫；堅持刀刃向內，零容忍懲治腐敗，不斷祛除黨的肌體上的毒瘤；等等。

歷史和現實都告訴我們，歷史和人民選擇中國共產黨領導中華民族偉大復興的事業是正確的，必須長期堅持、永不動搖。只要我們始終不渝堅持黨的領導，就一定能夠戰勝前進道路上的任何艱難險阻，不斷滿足人民對美好生活的嚮往。全黨全國各族人民只要更加緊密地團結在以習近平同志為核心的黨中央周圍，乘勢而上開山河，風雨無阻向前進，就沒有任何困難能夠難倒我們，就沒有任何力量能夠阻擋中華民族實現偉大復興的鏗鏘步伐！

第七講

中國共產黨百年奮鬥的
歷史經驗

歷史是最好的教科書，我們黨歷來高度重視總結歷史經驗。黨一步步走過來，很重要的一條就是不斷總結經驗、提高本領，不斷提高應對風險、迎接挑戰、化險為夷的能力和水平。《決議》從黨的百年奮鬥歷程中深刻概括了具有根本性和長遠指導意義的十條歷史經驗。《決議》強調，這十條歷史經驗是系統完整、相互貫通的有機整體，深刻揭示了黨和人民事業不斷成功的根本保證，深刻揭示了黨始終立於不敗之地的力量源泉，深刻揭示了黨始終掌握歷史主動的根本原因，深刻揭示了黨永葆先進性和純潔性、始終走在時代前列的根本途徑。100 年來黨所積累的這些經驗，彌足珍貴，催人奮進，蘊含深刻的憂患意識、強烈的自信抱負，需要我們倍加珍惜、長期堅持，在實踐中豐富和發展。

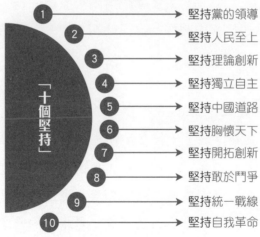

中國共產黨百年奮鬥的寶貴歷史經驗

「十個堅持」

1 ➝ 堅持黨的領導
2 ➝ 堅持人民至上
3 ➝ 堅持理論創新
4 ➝ 堅持獨立自主
5 ➝ 堅持中國道路
6 ➝ 堅持胸懷天下
7 ➝ 堅持開拓創新
8 ➝ 堅持敢於鬥爭
9 ➝ 堅持統一戰線
10 ➝ 堅持自我革命

一、堅持黨的領導

中國共產黨是領導我們事業的核心力量。中國人民和中華民族之所以能夠扭轉近代以後的歷史命運、取得今天的偉大成就，最根本的是有中國共產黨的堅強領導。歷史和現實都證明，沒有中國共產黨，就沒有新中國，就沒有中華民族偉大復興。治理好我們這個世界上最大的政黨和人口最多的國家，必須堅持黨的全面領導特別是黨中央集中統一領導，堅持民主集中制，確保黨始終總攬全局、協調各方。只要我們堅持黨的全面領導不動搖，堅決維護黨的核心和黨中央權威，充分發揮黨的領導政治優勢，把黨的領導落實到黨和國家事業各領域各方面各環節，就一定能夠確保全黨全軍全國各族人民團結一致向前進。

堅持黨的領導，是歷史和人民的鄭重選擇。中國共產黨領導是中國特色社會主義最本質的特徵，是中國特色社會主義制度的最大優勢。但黨的領導地位不是一朝一夕形成的，也不是天生的，更不是自封的。中國共產黨自 1921 年成立以來，就自覺肩負起爭取民族獨立、人民解放和國家富強、人民幸福這兩大歷史任務，把為中國人民謀幸福、為中華民族謀復興作為自己的初心使命，團結帶領人民創造

延伸問答

問：如何理解堅持黨的領導是我們黨百年奮鬥的歷史經驗？

答：堅持黨的領導，是歷史和人民的選擇。中國取得的各項偉大成就，最根本的是有黨的堅強領導。黨的領導是黨和國家的根本所在、命脈所在。堅持黨的領導，最根本的是維護黨的核心和黨中央權威。這就要不斷完善黨的領導，建立健全堅持和加強黨的全面領導的組織體系、制度體系、工作機制，提高黨的能力和定力。只有堅持黨的領導，才能發揮黨總攬全局、協調各方的領導核心作用，才能確保全黨全軍全國各族人民團結一致向前進。

了彪炳史冊的巨大成就，使中華民族迎來了從站起來、富起來到強起來的偉大歷史飛躍，實現中華民族偉大復興進入不可逆轉的歷史進程。只要深入了解中國近代史、中國現代史、中國革命史，就不難發現，如果沒有中國共產黨領導，我們的國家、我們的民族不可能取得今天這樣的成就，也不可能具有今天這樣的國際地位。

黨政軍民學，東西南北中，黨是領導一切的，是最高政治領導力量。黨的領導是全面的、系統的、整體的，保證黨的團結統一是黨的生命；黨中央集中統一領導是黨的領導的最高原則，加強和維護黨中央集中統一領導是全黨共同的政治責任，堅持黨的領導首先要旗幟鮮明講政治，保證全黨服從中央。習近平總書記指出："在國家治理體系的大棋局中，黨中央是坐鎮中軍帳的'帥'，車馬炮各展其長，一盤棋大局分明。"

堅持黨的領導，必須堅持黨的全面領導特別是黨中央集中統一領導。中國共產黨是最高政治領導力量，我們的全部事業都植根於此。只有堅持黨的全面領導特別是黨中央集中統一領導，才能發揮黨總攬全局、協調各方的領導核心作用。歷史證明，治理好我們這個世界上最大的政黨和人口最多的國家，必須堅持黨的全面領導特別是黨中央集中統一領導，堅持民主集中制，確保黨始終總攬全局、協調各方。

堅持黨的領導，最根本的就是要堅決維護黨的核心和黨中央權威。事在四方，要在中央。四方的事要辦好，中央必須有權威。黨中央是控制系統，是大腦的神經中樞，是指揮棒，是最高政治領導力量，必須有定於一尊、一錘定音的權威。歷史和現實充分表明，全黨有核心，黨中央才有權威，黨才有力量。什麼時候全黨堅定維護黨的核心和黨中央集中統一領導，黨的事業就不斷取得勝利；反之，黨的領導就必然弱化，黨的事業就必然遭受挫折。

建黨之初，由於沒有一個成熟穩定的領導集體和堅強有力的領導核心，革命事業幾經挫折。直到遵義會議事實上確立毛澤東同志在黨

中國共產黨面臨的各種風險挑戰

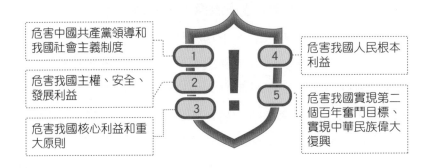

危害中國共產黨領導和我國社會主義制度

危害我國主權、安全、發展利益

危害我國核心利益和重大原則

危害我國人民根本利益

危害我國實現第二個百年奮鬥目標、實現中華民族偉大復興

中央的領導地位後，我們黨開始形成堅強的領導核心，最終團結帶領中國人民打敗日本帝國主義，推翻國民黨反動統治，完成新民主主義革命，建立了中華人民共和國。在改革開放的歷史進程中，正是有黨中央的堅強領導，中國特色社會主義偉大事業才得以不斷推進。

黨的十八大以來，面對嚴峻複雜的國內外形勢，我們之所以能戰勝一系列重大風險挑戰，推動黨和國家事業取得歷史性成就、發生歷史性變革，推動我國國際影響力、感召力、塑造力全面顯著提高，使"中國之治"與"西方之亂"形成鮮明對比，根本在於堅決維護習近平同志黨中央的核心、全黨的核心地位，堅決維護黨中央集中統一領導。我們堅持和加強黨對一切工作的領導，才戰勝了一系列重大挑戰，解決了許多長期想解決而沒有解決的難題，辦成了許多過去想辦而沒有辦成的大事。

二、堅持人民至上

黨的根基在人民、血脈在人民、力量在人民，人民是黨執政興國的最大底氣。民心是最大的政治，正義是最強的力量。黨的最大政治優勢是密切聯繫群眾，黨執政後的最大危險是脫離群眾。黨代表中國

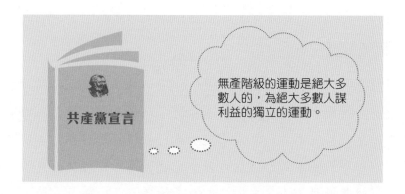

最廣大人民根本利益，沒有任何自己特殊的利益，從來不代表任何利益集團、任何權勢團體、任何特權階層的利益，這是黨立於不敗之地的根本所在。只要我們始終堅持全心全意為人民服務的根本宗旨，堅持黨的群眾路線，始終牢記江山就是人民、人民就是江山，堅持一切為了人民、一切依靠人民，堅持為人民執政、靠人民執政，堅持發展為了人民、發展依靠人民、發展成果由人民共享，堅定不移走全體人民共同富裕道路，就一定能夠領導人民奪取中國特色社會主義新的更大勝利，任何想把中國共產黨同中國人民分割開來、對立起來的企圖就永遠不會得逞。

堅持人民至上，是馬克思主義唯物史觀的集中體現，明確回答了"我是誰、為了誰、依靠誰"這一重大命題，開闢了馬克思主義人民觀新境界。

中國共產黨從誕生之日起就是中國工人階級的先鋒隊，同時是中國人民和中華民族的先鋒隊，將為中國人民謀幸福、為中華民族謀復興作為自己的初心使命，與人民生死相依、榮辱與共。黨的利益和人民的利益永遠是一致的。

100年來，中國共產黨始終把人民裝在心裏，全心全意為人民服務的根本宗旨從未改變。堅持人民至上，增進人民福祉、促進人的全面發展是我們黨立黨為公、執政為民的本質要求。世界上很少有哪個習近平（中共中央總書記、國家主席、中央軍委主席）：踐行宗旨，就是對人民飽含深情，心中裝著人民，工作為了人民，想群眾之所想，急群眾之所急，解群眾之所難，密切聯繫群眾，堅定依靠群眾，一心一意為百姓造福，以為民造福的實際行動詮釋了共產黨人"我將無我、不負人民"的崇高情懷。江山就是人民，人民就是江山。全黨同志都要堅持人民立場、人民至上，堅持不懈為群眾辦實事做好事，始終保持同人民群眾的血肉聯繫。

政黨，能像中國共產黨這樣，把"為人民服務"莊嚴地寫進黨章，並把"以人民為中心"的發展思想貫穿治國理政的各個環節。黨的所有工作，都把人民利益作為根本出發點。"人民"二字已經成為一代代中國共產黨人的精神基因，深深融入了共產黨人的血脈之中。

堅持人民至上，揭示了中國共產黨百年奮鬥歷程的力量源泉和價值指向。

革命戰爭年代，"最後一口糧，做的是軍糧；最後一塊布，做的是軍裝；最後一個兒子啊，送到了部隊上"。農民的手推車，推出了淮海戰役的勝利。社會主義建設時期，林縣的鄉親們，在懸崖上開鑿出了紅旗渠……新時代，黨把人民擁護不擁護、贊成不贊成、高興不高興、答應不答應作為衡量一切工作得失的根本標準，使我們黨始終擁有不竭的力量源泉。

江山就是人民，人民就是江山。不斷造福人民，是堅持人民至上的出發點和落腳點。我們黨堅持一切為了群眾、一切依靠群眾，從群眾中來，到群眾中去，把黨的正確主張變為群眾的自覺行動，把群眾路線貫徹到治國理政的全過程之中。習近平總書記指出："人民對

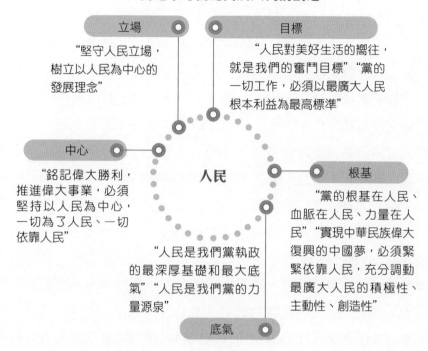

習近平總書記關於人民的論述

立場
"堅守人民立場，樹立以人民為中心的發展理念"

目標
"人民對美好生活的嚮往，就是我們的奮鬥目標""黨的一切工作，必須以最廣大人民根本利益為最高標準"

中心
"銘記偉大勝利，推進偉大事業，必須堅持以人民為中心，一切為了人民、一切依靠人民"

人民

根基
"黨的根基在人民、血脈在人民、力量在人民""實現中華民族偉大復興的中國夢，必須緊緊依靠人民，充分調動最廣大人民的積極性、主動性、創造性"

"人民是我們黨執政的最深厚基礎和最大底氣""人民是我們黨的力量源泉"

底氣

美好生活的嚮往，就是我們的奮鬥目標。"這從根本上回答了"為了誰"的問題，是我們黨立黨為公、執政為民的生動體現。他強調，"每個共產黨員都要弄明白，黨除了人民利益之外沒有自己的特殊利益"，"把體現人民利益、反映人民願望、維護人民權益、增進人民福祉落實到全面依法治國各領域全過程"。黨的十八大以來，以習近平同志為核心的黨中央始終堅持以人民為中心的發展思想，全面建成了小康社會，正在實現人的全面發展、全體人民共同富裕道路上闊步前進。

三、堅持理論創新

馬克思主義是我們立黨立國、興黨強國的根本指導思想。馬克思主義理論不是教條而是行動指南，必須隨著實踐發展而發展，必須中國化才能落地生根、本土化才能深入人心。黨之所以能夠領導人民在一次次求索、一次次挫折、一次次開拓中完成中國其他各種政治力量不可能完成的艱巨任務，根本在於堅持解放思想、實事求是、與時俱進、求真務實，堅持把馬克思主義基本原理同中國具體實際相結合、同中華優秀傳統文化相結合，堅持實踐是檢驗真理的唯一標準，堅持一切從實際出發，及時回答時代之問、人民之問，不斷推進馬克思主義中國化時代化。習近平同志指出，當代中國的偉大社會變革，不是簡單延續我國歷史文化的母版，不是簡單套用馬克思主義經典作家設想的模板，不是其他國家社會主義實踐的再版，也不是國外現代化發展的翻版。只要我們勇於結合新的實踐不斷推進理論創新、善於用新的理論指導新的實踐，就一定能夠讓馬克思主義在中國大地上展現出更強大、更有說服力的真理力量。

中國共產黨具有馬克思主義政黨與時俱進的理論品格，理論創新每前進一步，理論武裝就要跟進一步。

在長期革命和建設實踐中，黨始終堅持與時俱進的理論品格，及時回應和解決重大時代命題，不斷推進馬克思主義中國化。從馬克

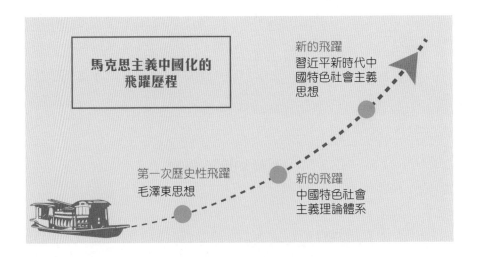

馬克思主義中國化的飛躍歷程

新的飛躍
習近平新時代中國特色社會主義思想

第一次歷史性飛躍
毛澤東思想

新的飛躍
中國特色社會主義理論體系

思主義傳入中國，到創立毛澤東思想、形成中國特色社會主義理論體系，再到創立習近平新時代中國特色社會主義思想，每一次重大理論創新，都是馬克思主義基本原理同中國實際緊密結合的輝煌成果。21世紀馬克思主義，必然隨著時代的變化和實踐的發展不斷實現創新發展。新時代推進理論創新，就要堅定不移堅持馬克思主義指導地位，不斷推進馬克思主義中國化、時代化、大眾化，發展21世紀馬克思主義、當代中國馬克思主義。

習近平總書記指出，在新的時代條件下，我們要進行偉大鬥爭、建設偉大工程、推進偉大事業、實現偉大夢想，仍然需要保持和發揚馬克思主義政黨與時俱進的理論品格，勇於推進實踐基礎上的理論創新。這為我們推進理論創新指明了方向、開闊了視野。

延伸問答

問：如何理解堅持理論創新是我們黨百年奮鬥的歷史經驗？

答：第一，馬克思主義理論不是教條而是行動指南。馬克思主義基本原理同中國具體實際相結合、同中華優秀傳統文化相結合，不斷推進馬克思主義中國化時代化，不斷開闢馬克思主義發展新境界。因此，馬克思主義成為我們立黨立國、興黨強國的根本指導思想。第二，實踐沒有止境，理論創新也沒有止境。在黨的百年奮鬥歷程中，馬克思主義中國化時代化既一脈相承又與時俱進，為黨和人民事業發展提供了科學理論指導。馬克思主義深刻改變了中國，中國也極大豐富和發展了馬克思主義。只要我們勇於結合新的實踐不斷推進理論創新、善於用新的理論指導新的實踐，就一定能夠讓馬克思主義在中國大地上展現出更強大、更有說服力的真理力量。

理論創新不是孤立的，既以實踐為基礎，又對實踐具有指導作用，還與實踐一起構成制度建設的基石。

習近平總書記指出："中國特色社會主義是實踐、理論、制度緊密結合的，既把成功的實踐上升為理論，又以正確的理論指導新的實踐，還把實踐中已見成效的方針政策及時上升為黨和國家的制度。"黨的七大概括了毛澤東思想，並把毛澤東思想確立為黨的指導思想，這是黨的七大最重大的理論貢獻。黨的十五大、十六大、十八大分別把鄧小平理論、"三個代表"重要思想和科學發展觀確立為黨的指導思想，這是黨的十五大、十六大、十八大最重大的理論貢獻。黨的十八大以來，以習近平同志為主要代表的中國共產黨人，團結帶領全黨全國各族人民統攬偉大鬥爭、偉大工程、偉大事業、偉大夢想，從理論和實踐結合上系統回答了新時代堅持和發展什麼樣的中國特色社會主義、怎樣堅持和發展中國特色社會主義這個重大時代課題，創立了習近平新時代中國特色社會主義思想，為實現"兩個一百年"奮鬥目標和中華民族偉大復興的中國夢提供了科學理論指導和行動指南。

四、堅持獨立自主

獨立自主是中華民族精神之魂，是中國共產黨、中華人民共和國立黨立國的重要原則。走自己的路，是黨百年奮鬥得出的歷史結論。黨歷來堅持獨立自主開拓前進道路，堅持把國家和民族發展放在自己力量的基點上，堅持中國的事情必須由中國人民自己作主張、自己來處理。人類歷史上沒有一個民族、一個國家可以通過依賴外部力量、照搬外國模式、跟在他人後面亦步亦趨實現強大和振興。那樣做的結果，不是必然遭遇失敗，就是必然成為他人的附庸。只要我們堅持獨立自主、自力更生，既虛心學習借鑒國外的有益經驗，又堅定民族自

堅持獨立自主	是中國革命、建設、改革取得成功的重要保障
	是我們黨從中國實際出發,依靠人民力量進行革命、建設、改革的必然結論
	是中國從站起來、富起來到強起來的一個根本原因

尊心和自信心,不信邪、不怕壓,就一定能夠把中國發展進步的命運始終牢牢掌握在自己手中。在中國這樣一個人口眾多、經濟文化落後的東方大國進行革命和建設的國情與使命,決定了我們只能走自己的路。站立在 960 多萬平方公里的廣袤土地上,吸吮著中華民族漫長奮鬥積累的文化養分,擁有 14 億多中國人民聚合的磅礴之力,我們走自己的路,具有無比廣闊的舞台,具有無比深厚的歷史底蘊,具有無比強大的前進定力。每一個中國人都應該有這個信心。

堅持獨立自主,是中國革命、建設、改革取得成功的重要保障。革命戰爭年代,我們黨從中國實際出發,開闢獨立自主的中國革命道路。新中國成立後,我們黨堅持獨立自主推進社會主義建設,取得了社會主義建設的輝煌成就。中國特色社會主義進入新時代,我們黨高度重視把有效維護國家獨立自主的制度優勢轉化為治理效能,使這一制度優勢得到進一步彰顯。我們把堅持和平發展道路、堅持互利共贏開放戰略、推動構建人類命運共同體一同寫入憲法,進一步豐富和發展了獨立自主的和平外交政策。

堅持獨立自主,是我們黨從中國實際出發,依靠人民力量進行革命、建設、改革的必然結論。100 年來,中國共產黨團結帶領人民披荊斬棘、一路前行,所探索奮鬥的歷史主題,比較集中地反映在走自己的路上面。走自己的路,塑造了中國共產黨、馬克思主義、中國特黨的十八大以來，中國特色社會主義進入新時代，以習近平同志為核心的黨中央，領導人民積極進取，銳意改革，自信自強、守正創新，推動黨和國家事業取得歷史性成就、發生歷史性變革。而這些都是在中國人堅持獨立創新下取得的。新時代推進各項事業發展，在建設主體上，堅持中國的事情由中國人民自己做主張，自己來處理；在發展道路上，繼續堅定走中國特色社會主義道路，既不走封閉僵化的老路，也不走改旗易幟的邪路；在處理與其他國家關係問題上，堅持獨立自主的和平外交政策，堅定不移走和平發展道路。

色社會主義的嶄新面貌；走自己的路，從根本上改變了中國、中國人民、中華民族的面貌。我們黨歷來堅持獨立自主開拓前進道路，要把國家和民族發展放在自己力量的基點上，堅持民族自尊心和自信心，堅定不移走自己的路。

　　堅持獨立自主，是中國從站起來、富起來到強起來的一個根本原因。我國始終堅持獨立自主的和平外交政策，堅持走和平發展道路，推進國家治理體系和治理能力現代化，努力提升國家治理效能。黨的十八大以來，隨著我國改革開放和社會主義現代化建設的深入推進，有效維護國家獨立自主的制度優勢不斷轉化為國家治理效能，推動黨和國家各項事業蓬勃發展，並在這個過程中進一步增強了維護國家獨立自主的制度優勢。

　　總之，不論過去、現在和將來，我們堅持中國的事情由中國人民自己作主張、自己來處理。我們秉持歷史多樣性觀念，主張各國選擇自身發展道路的多樣性需要，認為世界上沒有放之四海而皆準的具體發展模式，也沒有一成不變的發展道路。堅持獨立自主開拓前進道路，是我們黨百年發展的立足點，也是黨和人民事業不斷從勝利走向勝利的根本保證。

五、堅持中國道路

方向決定道路，道路決定命運。黨在百年奮鬥中始終堅持從我國國情出發，探索並形成符合中國實際的正確道路。中國特色社會主義道路是創造人民美好生活、實現中華民族偉大復興的康莊大道。腳踏中華大地，傳承中華文明，走符合中國國情的正確道路，黨和人民就具有無比廣闊的舞台，具有無比深厚的歷史底蘊，具有無比強大的前進定力。只要我們既不走封閉僵化的老路，也不走改旗易幟的邪路，堅定不移走中國特色社會主義道路，就一定能夠把我國建設成為富強民主文明和諧美麗的社會主義現代化強國。

在慶祝中國共產黨成立 100 週年大會上，習近平總書記深刻總結我們黨 100 年來開闢的偉大道路、創造的偉大事業，指出："走自己的路，是黨的全部理論和實踐立足點，更是黨百年奮鬥得出的歷史結論。中國特色社會主義是黨和人民歷經千辛萬苦、付出巨大代價取得的根本成就，是實現中華民族偉大復興的正確道路。"

中國特色社會主義，承載著幾代中國共產黨人的理想和探索，寄託著無數仁人志士的夙願和期盼，凝聚著億萬人民的奮鬥和犧牲，是近代以來中國社會發展的必然選擇。

只有回看走過的路、比較別人的路、遠眺前行的路，弄清楚我們從哪兒來、往哪兒去，很多問題才能看得深、把得準。中國特色社會主義不是從天上掉下來的，而是在改革開放 40 多年的偉大實踐中得來的，是在新中國成立 70 多年的持續探索中得來的，是在我們黨領

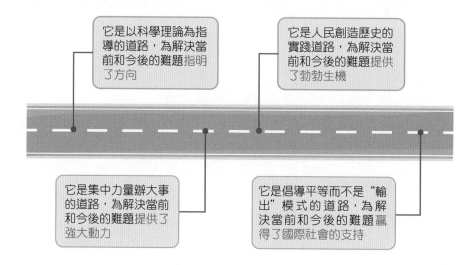

中國特色社會主義道路的獨特優勢

它是以科學理論為指導的道路，為解決當前和今後的難題指明了方向

它是人民創造歷史的實踐道路，為解決當前和今後的難題提供了勃勃生機

它是集中力量辦大事的道路，為解決當前和今後的難題提供了強大動力

它是倡導平等而不是"輸出"模式的道路，為解決當前和今後的難題贏得了國際社會的支持

導人民進行偉大社會革命 100 年的實踐中得來的，是在近代以來中華民族由衰到盛 180 多年的歷史進程中得來的，是對中華文明 5000 多年的傳承發展中得來的。歷史和現實充分證明，中國特色社會主義是科學社會主義理論邏輯和中國社會發展歷史邏輯的辯證統一，是植根於中國大地、反映中國人民意願、適應中國和時代發展進步要求的科學社會主義，這條路能走得通、走得遠！

中國共產黨團結帶領全國各族人民發憤圖強、艱苦創業，創造了舉世矚目的發展成就，成功開闢了中國特色社會主義道路，中國特色社會主義進入新時代，中華民族偉大復興迎來了光明前景。

回溯 1840 年以來中華民族的屈辱歷史，根本原因是沒有找到一條強國富民的發展道路。新中國成立 70 多年來，中國發生了翻天覆地的變化。實踐充分表明，中國特色社會主義道路是 1840 年以來，中國人民對其他救國途徑的嘗試全部碰壁之後作出的歷史性選擇。歷史告訴我們，堅持中國特色社會主義道路，關乎國家前途、民族命運、人民福祉；中國共產黨領導中國人民開闢的中國特色社會主義道

習近平（中共中央總書記、國家主席、中央軍委主席）：中國共產黨堅持一切從實際出發，帶領中國人民探索出中國特色社會主義道路。歷史和實踐已經並將進一步證明，這條道路，不僅走得對、走得通，而且也一定能夠走得穩、走得好。我們將堅定不移沿著這條光明大道走下去，既發展自身又造福世界。現代化道路並沒有固定模式，適合自己的才是最好的，不能削足適履。每個國家自主探索符合本國國情的現代化道路的努力都應該受到尊重。中國共產黨願同各國政黨交流互鑒現代化建設經驗，共同豐富走向現代化的路徑，更好為本國人民和世界各國人民謀幸福。

路是正確的，必須長期堅持、永不動搖。

　　中國道路的成功意味著西方"中國崩潰論"的崩潰和"歷史終結論"的終結，也豐富了世界現代化道路的多樣性。

　　"鞋子合不合腳，只有自己知道。"一個國家究竟走什麼樣的發展道路，最終要靠事實說話，要由這個國家的人民作出選擇。新中國成立70多年特別是改革開放40多年來，我國堅持走自己的路，實現了經濟持續快速發展，成為世界第二大經濟體，近8億人口擺脫貧困，人均國內生產總值超過1萬美元。中國用40多年時間走完了西方發達國家幾百年走過的發展歷程，實現從一窮二白到建立現代工業體系和國民經濟體系的跨越，實現從物資極度匱乏、產業百廢待興到成為世界經濟增長引擎、全球製造基地的跨越，實現從貧窮落後到闊步走向繁榮富強的跨越。歷史以超出人們想像的大跨越和大進步，對中國共產黨領導人民走出的中國道路作出了最生動的詮釋。

　　世界上既沒有唯一的發展模式，也沒有一成不變的發展道路。中

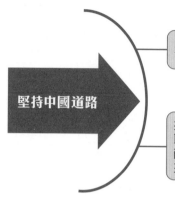

堅持中國道路

是我們黨全部理論和實踐的立足點,是我們黨百年奮鬥得出的歷史結論

把中國的發展和世界的發展、時代的發展緊密聯繫在一起,是我們黨在領導人民長期奮鬥克敵制勝、勠力同心開創未來的過程中,凝聚起來的堅定信念和高度共識

國道路既不是"傳統的",也不是"外來的",更不是"西化的",而是我們獨創的,是一條既堅持科學社會主義基本原則,又根據時代特徵賦予其鮮明中國特色的發展道路。尊重世界文明多樣性、發展道路多樣化,尊重和維護各國人民自主選擇社會制度和發展道路的權利,相互借鑒,取長補短,這是人類文明進步的歷史潮流和內在規律。

我們黨將馬克思主義基本原理同中國具體實際相結合產生的中國道路,體現了歷史邏輯、理論邏輯和實踐邏輯的高度統一。中國道路是黨和人民克服艱難險阻取得的寶貴成果,來之不易,彌足珍貴。中國道路是科學社會主義時代化的結晶,在堅持共產主義遠大理想的同時,明確了我國社會發展的階段性目標,即全面建成小康社會、實現社會主義現代化、實現中華民族偉大復興。堅定走中國道路的自信,源於這條道路符合人類社會發展規律,符合中國發展實際,代表了中國最廣大人民的根本利益。中國道路的成功已經證明,中國道路是人民幸福之路、國家富強之路、民族振興之路。

中國道路把中國的發展和世界的發展、時代的發展緊密聯繫在一起。社會主義對經濟文化比較落後的國家來說,是一條加快發展的新道路,但不是一條孤立封閉的道路。當今世界是開放的世界,任何國家的發展都離不開世界的發展。閉關鎖國只能導致社會主義在發展中衰退。在中國道路的形成發展過程中，我們深刻意識到：社會主義國家只有面向世界，加強與世界的聯繫，才能走在時代前列，擁有廣闊的發展前途和強大的生命力。在這條道路上，我們黨始終關注時代潮流的變動，關注世界生產力、先進文化等發展的動向和趨勢，兼收並蓄、海納百川，不斷吸取其他國家、民族和文明的先進經驗，把握時代發展趨勢，因而使我們各方面的發展都能充分體現時代精神和創造精神。把當代中國的和諧發展與整個世界的和平發展結合起來，既立足本國發展又促進人類共同進步，是中國道路的一個突出特點，也是中國特色社會主義為世界社會主義提供的一個重要理念。

六、堅持胸懷天下

大道之行，天下為公。黨始終以世界眼光關注人類前途命運，從人類發展大潮流、世界變化大格局、中國發展大歷史正確認識和處理同外部世界的關係，堅持開放、不搞封閉，堅持互利共贏、不搞零和博弈，堅持主持公道、伸張正義，站在歷史正確的一邊，站在人類進步的一邊。只要我們堅持和平發展道路，既通過維護世界和平發展自己，又通過自身發展維護世界和平，同世界上一切進步力量攜手前進，不依附別人，不掠奪別人，永遠不稱霸，就一定能夠不斷為人類文明進步貢獻智慧和力量，同世界各國人民一道，推動歷史車輪向著光明的前途前進。

在慶祝中國共產黨成立 100 週年大會上，習近平總書記深情回顧中國共產黨百年奮鬥的光輝歷程，指出："中國共產黨關注人類前途命運，同世界上一切進步力量攜手前進，中國始終是世界和平的建設者、全球發展的貢獻者、國際秩序的維護者！"

中國共產黨始終堅持和平發展，不懈維護世界和平穩定，堅持永

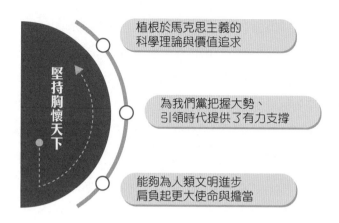

堅持胸懷天下

植根於馬克思主義的科學理論與價值追求

為我們黨把握大勢、引領時代提供了有力支撐

能夠為人類文明進步肩負起更大使命與擔當

不稱霸、不搞擴張、不謀求勢力範圍。

"以至誠為道，以至仁為德。"中華民族歷來講求"天下一家"，主張民胞物與、協和萬邦、天下大同，憧憬"大道之行，天下為公"的美好世界。中國夢是和平、發展、合作、共贏的夢，不僅造福中國人民，而且造福世界人民。中國共產黨始終通過維護世界和平發展自己，又通過自身發展促進世界和平；始終堅持公平正義，不懈推動人類自由解放，堅持國家不分大小、強弱、貧富一律平等，反對強加於人、反對干涉內政、反對以強凌弱；始終堅持合作共贏，不懈促進各國共同發展，堅持互利共贏的開放戰略，以合作消弭對抗，以共贏取代零和，以中國的新發展為世界提供新機遇。100年來，中國共產黨堅守為世界謀大同的天下情懷，積極推動構建人類命運共同體，為解決人類問題貢獻了中國智慧和中國方案，為人類文明和進步事業作出了卓越貢獻。

中國始終奉行做世界和平的建設者、全球發展的貢獻者、國際秩序的維護者、公共產品的提供者。

中國是聯合國常任理事國。中國堅定維護聯合國憲章宗旨和原則，堅定弘揚和平、發展、公平、正義、民主、自由的全人類共同價值，為推動構建相互尊重、公平正義、合作共贏的新型國際關係，推動構建人類命運共同體而不懈努力。中國堅持多邊主義理念，倡導以和平方式化解爭端，派出5萬餘人次維和人員支持聯合國和平行動。中國始終履行最大發展中國家責任，提前10年實現聯合國2030年可持續發展議程減貧目標。中國始終遵循《世界人權宣言》精神，堅持把人權普遍性同中國實際結合起來，為中國人權進步和國際人權事業作出突出貢獻。在聯合國舞台上，中國實現了從旁觀者到參與者再到引領者的巨大轉變。中國以自身發展促進世界繁榮，連續多年對全球經濟增長作出最大貢獻，通過高質量共建"一帶一路"，為伙伴國家插上發展的翅膀。中國提出力爭2030年前實現碳達峰、2060年前實現碳中和目標，出資成立昆明生物多樣性基金，為全球應對氣候變化採取有效行動，承擔應盡責任。中國助力全人類抗擊新冠肺炎疫情，

深閱讀

　　新冠肺炎疫情暴發後，中國率先同各方分享疫情信息、交流抗疫經驗，率先向各國大批量提供抗疫物資，率先向發展中國家大規模提供疫苗幫助，率先對外派遣醫療專家組。習近平主席在第73屆世界衛生大會視頻會議開幕式上致辭，呼籲各國團結合作戰勝疫情，共同構建人類衛生健康共同體。中國積極響應聯合國發起的全球人道主義應對計劃，累計向150多個國家和14個國際組織提供抗疫物資援助，向200多個國家和地區出口防疫物資，對外共提供了3200多億隻口罩、39億件防護服、56億人份檢測試劑盒。中國支持世衛組織發佈的全球新冠疫苗接種戰略，踐行將疫苗作為全球公共產品重要宣示，截至2021年10月中旬已向全球100多個國家和國際組織提供了超過15億劑新冠疫苗，為建立全球免疫屏障作出重要貢獻。

實施了新中國成立以來規模最大的全球人道主義行動，2021年將對外提供20億劑以上新冠疫苗。

當今世界正經歷百年未有之大變局，和平與發展仍然是當今時代主題，人類的命運從沒有像今天這樣緊密相連，各國的利益從沒有像今天這樣深度融合，和平、發展、合作、共贏的時代潮流不可阻擋。面對各種全球性威脅和挑戰，國際社會比以往任何時候都更需要團結合作，更需要維護多邊主義，更需要堅持國際公正和道義。世界好，中國才能好；中國好，世界才更好。歷史和現實都告訴我們，只要世界各國秉持人類命運共同體理念，堅持多邊主義、走團結合作之路，

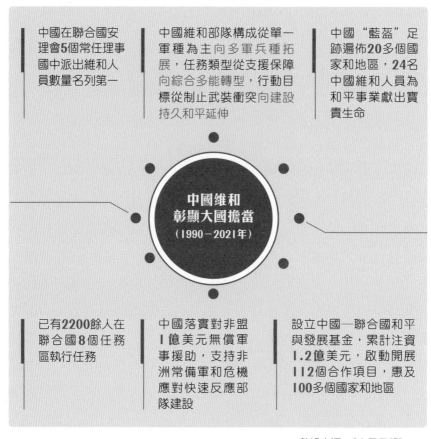

中國在聯合國安理會5個常任理事國中派出維和人員數量名列第一

中國維和部隊構成從單一軍種為主向多軍兵種拓展，任務類型從支援保障向綜合多能轉型，行動目標從制止武裝衝突向建設持久和平延伸

中國"藍盔"足跡遍佈20多個國家和地區，24名中國維和人員為和平事業獻出寶貴生命

中國維和
彰顯大國擔當
（1990－2021年）

已有2200餘人在聯合國8個任務區執行任務

中國落實對非盟1億美元無償軍事援助，支持非洲常備軍和危機應對快速反應部隊建設

設立中國—聯合國和平與發展基金，累計注資1.2億美元，啟動開展112個合作項目，惠及100多個國家和地區

數據來源：《人民日報》

就一定能夠共同應對各種全球性問題，共建美好地球家園。

中國將始終站在歷史正確的一邊，始終把為人類作出新的更大貢獻作為自己的使命。

回首百年，中國共產黨領導中國人民進行的偉大奮鬥彪炳史冊，為人類和平與發展作出的重大貢獻有目共睹。面向未來，中國將和世界各國一道，為擺脫貧困落後、促進繁榮發展而不懈努力，為消除分歧戰亂、維護和諧穩定而持續奮鬥，為弭平文明隔閡、加強交流互鑒而貢獻力量，共同構建人類命運共同體，攜手建設更加美好的世界。正如習近平總書記強調的："新的征程上，我們必須高舉和平、發展、合作、共贏旗幟，奉行獨立自主的和平外交政策，堅持走和平發展道路，推動建設新型國際關係，推動構建人類命運共同體，推動共建'一帶一路'高質量發展，以中國的新發展為世界提供新機遇。中國共產黨將繼續同一切愛好和平的國家和人民一道，弘揚和平、發展、公平、正義、民主、自由的全人類共同價值，堅持合作、不搞對抗，堅持開放、不搞封閉，堅持互利共贏、不搞零和博弈，反對霸權主義和強權政治，推動歷史車輪向著光明的目標前進！"

七、堅持開拓創新

創新是一個國家、一個民族發展進步的不竭動力。越是偉大的事業，越充滿艱難險阻，越需要艱苦奮鬥，越需要開拓創新。黨領導人民披荊斬棘、上下求索、奮力開拓、銳意進取，不斷推進理論創新、實踐創新、制度創新、文化創新以及其他各方面創新，敢為天下先，走出了前人沒有走出的路，任何艱難險阻都沒能阻擋住黨和人民前進的步伐。只要我們順應時代潮流，回應人民要求，勇於推進改革，準確識變、科學應變、主動求變，永不僵化、永不停滯，就一定能夠創造出更多令人刮目相看的人間奇跡。

習近平總書記指出，創新是民族進步的靈魂，是一個國家興旺發達的不竭源泉，也是中華民族最深沉的民族稟賦，正所謂"苟日新，日日新，又日新"。

堅持開拓創新，是中國共產黨作為馬克思主義政黨的鮮明品格。無論是馬克思主義對人類發展規律的重大發現，還是中國共產黨的創建，本身就是開拓創新的典範。自從中國共產黨成立以來，開拓創新，一直貫穿黨領導中國人民進行革命、建設和改革的整個過程。中國之所以短短幾十年就走完了西方國家數百年的發展歷程，成為世界第一製造業大國、世界第二大經濟體，迎來從站起來、富起來到強起來的偉大飛躍，歸根到底都源於我們黨準確理解馬克思主義的理論精髓，把握解放思想、實事求是、與時俱進這一馬克思主義活的靈魂，

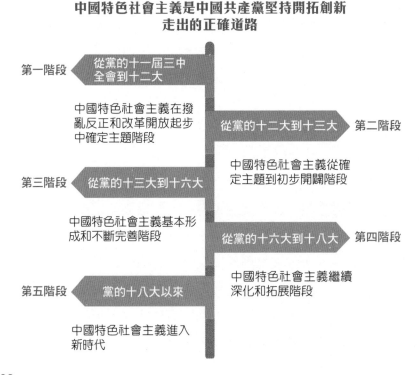

中國特色社會主義是中國共產黨堅持開拓創新走出的正確道路

第一階段　從黨的十一屆三中全會到十二大

中國特色社會主義在撥亂反正和改革開放起步中確定主題階段

第二階段　從黨的十二大到十三大

中國特色社會主義從確定主題到初步開闢階段

第三階段　從黨的十三大到十六大

中國特色社會主義基本形成和不斷完善階段

第四階段　從黨的十六大到十八大

中國特色社會主義繼續深化和拓展階段

第五階段　黨的十八大以來

中國特色社會主義進入新時代

不斷將馬克思主義基本原理與中國具體實際相結合、同中華優秀傳統文化相結合，團結奮鬥、銳意進取。

堅持開拓創新，是中國共產黨團結帶領人民總結經驗教訓、勇往直前的力量之源。中國共產黨誕生後，最初的設想是根據俄國十月革命的經驗，走一條以城市為中心，武裝暴動奪取政權的道路。八七會議後，各地武裝起義的實踐證明，照搬俄國十月革命的經驗，在大城市搞武裝暴動，在中國是走不通的。毛澤東同志在秋收起義失敗後帶領隊伍上了井岡山，經過探索開創了工農武裝割據的局面。他在1928年10月、11月，先後寫成了《中國的紅色政權為什麼能夠存在？》和《井岡山的鬥爭》兩篇重要著作，對一年多來的鬥爭經驗進行了總結。以毛澤東同志為主要代表的中國共產黨人開闢的中國革命道路，正是中國共產黨在革命年代開拓創新的深刻而具體的體現。改革開放40多年來，在中國如何發展問題上，中國共產黨繼承和發揚開拓創新精神，把馬克思主義的基本原理與中國建設和改革的實際相結合，走出了一條有中國特色社會主義道路。尤其在經濟體制方面，探索出了一套適合中國國情的基本經濟制度，使中國煥發出勃勃生機。實踐證明，創新不但是一個國家、一個民族發展進步的不竭動力，而且是引領發展的第一動力。只有堅持開拓創新，才能永葆黨和國家的生機活力。

堅持開拓創新，是中國共產黨攻堅克難、開創新局的持久的精神追求。我們黨的事業，是前無古人的崇高事業，沒有經驗可資借鑒，非堅持開拓創新不可。中國共產黨自1921年誕生起，就肩負著中華民族偉大復興的歷史重任，始終在開拓探索中開創新局，在創新創造中譜寫新篇。改革開放以來特別是進入新時代以來，我們黨始終以馬克思主義基本原理分析把握歷史大勢，不斷推進理論創新、實踐創新、制度創新、文化創新、科技創新以及其他各方面創新，於錯綜複雜的時代變局中準確識變、科學應變，為黨和國家各項事業發展贏得

王志剛（科學技術部部長、黨組書記）：科技自立自強與我們一直強調的自力更生、自主創新也是一脈相承的，自立自強與開放合作不是對立關係，而是辯證統一的。開放合作是中國特色自主創新道路的應有之義，而自立自強是能夠相互平等、相互尊重，進行開放合作的前提和基礎。同時，中國的科技創新從來都不是封閉式的創新，今後也不會關起門來自己搞創新。改革開放 40 多年來，開放合作、交流互鑒，對推動中國科技創新發揮了重要作用。我們始終強調以全球視野謀劃科技創新，積極融入全球創新網絡。

了戰略主動。在實現第一個百年奮鬥目標、全面建成小康社會，歷史性地解決了絕對貧困問題之後，正在意氣風發向著全面建成社會主義現代化強國的第二個百年奮鬥目標邁進。踏上新的征程，發展面臨的形勢總體於我有利，但複雜艱險也在增多。這是前無古人的偉大事業。面對新形勢，我們要繼續開拓創新，以習近平新時代中國特色社會主義思想作為長期堅持的指導思想，保持“越是艱險越向前”的英雄氣概，發揚“敢教日月換新天”的奮鬥精神，埋頭苦幹，攻堅克難，再創中華民族偉大復興的新輝煌！

八、堅持敢於鬥爭

　　敢於鬥爭、敢於勝利，是黨和人民不可戰勝的強大精神力量。黨和人民取得的一切成就，不是天上掉下來的，不是別人恩賜的，而是通過不斷鬥爭取得的。黨在內憂外患中誕生、在歷經磨難中成長、在攻堅克難中壯大，為了人民、國家、民族，為了理想信念，無論敵人如何強大、道路如何艱險、挑戰如何嚴峻，黨總是絕不畏懼、絕不退縮，不怕犧牲、百折不撓。只要我們把握新的偉大鬥爭的歷史特點，抓住和用好歷史機遇，下好先手棋、打好主動仗，發揚鬥爭精神，增強鬥爭本領，凝聚起全黨全國人民的意志和力量，就一定能夠戰勝一切可以預見和難以預見的風險挑戰。

中國共產黨的百年奮鬥史就是一部偉大鬥爭史，鬥爭精神已深深融入中國共產黨人的血脈。中國共產黨自成立之日起，就把為中國人民謀幸福、為中華民族謀復興確立為自己的初心使命，團結帶領全國各族人民進行艱苦卓絕的鬥爭，跨過一道又一道溝坎，取得一個又一個勝利，書寫了中華民族幾千年歷史上最恢宏的史詩。

沒有鬥爭就沒有勝利。習近平總書記指出："馬克思主義產生和發展、社會主義國家誕生和發展的歷程充滿著鬥爭的艱辛。建立中國共產黨、成立中華人民共和國、實行改革開放、推進新時代中國特色社會主義事業，都是在鬥爭中誕生、在鬥爭中發展、在鬥爭中壯大的。"中國共產黨是敢於並善於領導人民百折不撓開展鬥爭並在鬥爭中不斷取得勝利的黨。無論弱小還是強大，無論順境還是逆境，我們

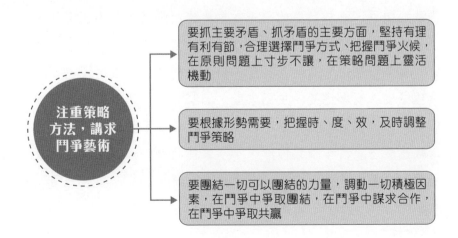

注重策略方法，講求鬥爭藝術

要抓主要矛盾、抓矛盾的主要方面，堅持有理有利有節，合理選擇鬥爭方式、把握鬥爭火候，在原則問題上寸步不讓，在策略問題上靈活機動

要根據形勢需要，把握時、度、效，及時調整鬥爭策略

要團結一切可以團結的力量，調動一切積極因素，在鬥爭中爭取團結，在鬥爭中謀求合作，在鬥爭中爭取共贏

黨都初心不改、矢志不渝，團結帶領人民歷經千難萬險、付出巨大犧牲。100年來，在應對各種困難挑戰中，我們黨錘煉了不畏強敵、不懼風險、敢於鬥爭、敢於勝利的風骨和品質。正如習近平總書記深刻指出的："敢於鬥爭、敢於勝利，是中國共產黨不可戰勝的強大精神力量。"

百年風雨，百年征程。中國革命、建設和改革的一切成就，都是通過黨和人民不怕流血犧牲的偉大鬥爭取得的。正是經過一代代中國共產黨人前赴後繼、百折不撓的鬥爭，我們黨歷經百年而風華正茂、飽經磨難而生生不息，攻克了一個又一個看似不可攻克的難關，創造了一個又一個彪炳史冊的人間奇跡。我們黨從建黨之初只有50多名黨員的黨成長為今天擁有9500多萬名黨員的世界最大執政黨，國家面貌實現了由積貧積弱、一窮二白到世界第二大經濟體的滄桑巨變，人民生活實現了從飢寒交迫到解決溫飽到總體小康、再到全面小康的

 權威聲音

習近平（中共中央總書記、國家主席、中央軍委主席）：要自覺加強鬥爭歷練，在鬥爭中學會鬥爭，在鬥爭中成長提高，努力成為敢於鬥爭、善於鬥爭的勇士。要堅定鬥爭意志，不屈不撓、一往無前，決不能碰到一點挫折就畏縮不前，一遇到困難就打退堂鼓。要善鬥爭、會鬥爭，提升見微知著的能力，透過現象看本質，準確識變、科學應變、主動求變，洞察先機、趨利避害。要加強戰略謀劃，把握大勢大局，抓住主要矛盾和矛盾的主要方面，分清輕重緩急，科學排兵佈陣，牢牢掌握鬥爭主動權。要增強底線思維，定期對風險因素進行全面排查。要善於經一事長一智，由此及彼、舉一反三，練就鬥爭的真本領、真功夫。

歷史性跨越，中華民族迎來了從站起來、富起來到強起來的偉大飛躍，以更加昂揚的姿態屹立於世界民族之林。

敢於鬥爭、敢於勝利，不但要立場堅定、掌握原則，而且要充分認識鬥爭的長期性、複雜性、艱巨性。

立場堅定、掌握原則就是在大是大非面前頭腦要特別清醒、立場要特別堅定，牢牢把握正確鬥爭方向，要有秉公辦事、鐵面無私的精神。習近平總書記指出："今天，我們比歷史上任何時期都更接近、更有信心和能力實現中華民族偉大復興的目標，同時必須準備付出更為艱巨、更為艱苦的努力。"實現偉大夢想就要頑強拚搏、不懈奮鬥。前進的道路不可能一馬平川，我們面臨的各種鬥爭不是短期的而是長期的，至少要伴隨我們實現第二個百年奮鬥目標全過程。必須增強"四個意識"、堅定"四個自信"、做到"兩個維護"，堅定鬥爭意志，當嚴峻形勢和鬥爭任務擺在面前時，骨頭要硬，敢於出擊，敢戰能勝。

九、堅持統一戰線

團結就是力量。建立最廣泛的統一戰線，是黨克敵制勝的重要法寶，也是黨執政興國的重要法寶。黨始終堅持大團結大聯合，團結一切可以團結的力量，調動一切可以調動的積極因素，促進政黨關係、民族關係、宗教關係、階層關係、海內外同胞關係和諧，最大限度凝聚起共同奮鬥的力量。只要我們不斷鞏固和發展各民族大團結、全國人民大團結、全體中華兒女大團結，鑄牢中華民族共同體意識，形成海內外全體中華兒女心往一處想、勁往一處使的生動局面，就一定能夠匯聚起實現中華民族偉大復興的磅礴偉力。

習近平總書記在慶祝中國共產黨成立 100 週年大會上的重要講話

中指出："愛國統一戰線是中國共產黨團結海內外全體中華兒女實現中華民族偉大復興的重要法寶。"在百年奮鬥歷程中，中國共產黨始終把統一戰線擺在重要位置，以強大的政治領導力和精神感召力，團結一切可以團結的力量、調動一切可以調動的積極因素，最大限度凝聚起共同奮鬥的力量，書寫了因黨而生、伴黨而行的統一戰線和多黨合作壯麗篇章。

愛國統一戰線是我們黨的一大政治優勢，是克敵制勝、執政興國的一大法寶。統一戰線的本質是大團結大聯合，根本任務是爭取人心、凝聚力量。統一戰線是中國共產黨領導的廣泛政治聯盟，黨的領導是統一戰線最鮮明的特徵。黨領導的統一戰線經歷了民主聯合戰線、抗日民族統一戰線、人民民主統一戰線、愛國統一戰線等多個階段，是黨奪取革命、建設、改革事業勝利的重要法寶。歷史充分證明，有了中國共產黨，統一戰線才有了團結凝聚的核心；有了中國共產黨的領導，統一戰線才能朝著正確政治方向闊步前進。

 權威評論

尤權（中共中央書記處書記、中央統戰部部長）：決議把堅持統一戰線列為我們黨百年奮鬥的十條歷史經驗之一，強調建立最廣泛的統一戰線是黨克敵制勝的重要法寶，也是黨執政興國的重要法寶，體現了以習近平同志為核心的中共中央對統一戰線重要法寶作用的充分肯定。要用我們黨的歷史經驗啟迪智慧、砥礪品質，進一步學習宣傳、貫徹落實習近平總書記關於加強和改進統一戰線工作的重要思想，不斷鞏固和發展各民族大團結、全國人民大團結、全體中華兒女大團結，鑄牢中華民族共同體意識，形成海內外全體中華兒女心往一處想、勁往一處使的生動局面。

百年奮鬥歷程中，我們黨始終把統一戰線擺在重要位置，堅持大團結大聯合是我們黨的力量之源。黨長期堅持一致性和多樣性統一，廣泛凝聚共識，廣聚天下英才，努力尋求最大公約數、畫出最大同心圓，調動一切可以調動的積極因素、團結一切可以團結的力量，不斷凝聚起共同奮鬥的磅礴力量。實踐表明，這一從中國土壤中生長出來的新型政黨制度，不僅真實、廣泛、持久地代表和實現了最廣大人民的根本利益，而且把各民主黨派和無黨派人士緊密團結起來為著共同目標而奮鬥，體現了中華優秀傳統文化的精髓，反映了社會主義制度的本質要求，符合中國國情和國家治理需要。秉持共同的為中國人民謀幸福、為中華民族謀復興的初心使命，各民主黨派和無黨派人士自願選擇接受中國共產黨的領導，並在革命、建設、改革的歷史進程中始終與中國共產黨同心同德、肝膽相照，成為實現中華民族從苦難走向輝煌的重要參與力量。

鞏固和發展最廣泛的愛國統一戰線，凝聚海內外中華兒女實現中華民族偉大復興的磅礴力量。黨同全國各民族工人、農民、知識分子團結在一起，同各民主黨派、無黨派人士、各民族的愛國力量團結在

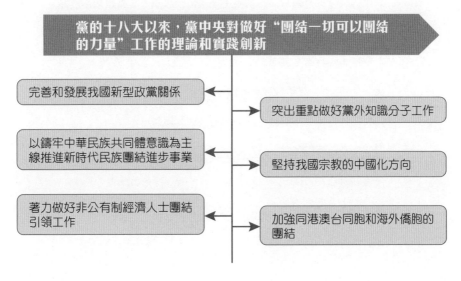

一起，進一步發展和壯大由全體社會主義勞動者、社會主義事業的建設者、擁護社會主義的愛國者、擁護祖國統一和致力於中華民族偉大復興的愛國者組成的最廣泛的愛國統一戰線，為民族復興大業匯聚各方力量。黨在不同歷史時期，團結號召海外僑胞積極投身中華民族復興大業。廣大海外僑胞不忘祖國、不忘祖籍，熱情支持中國革命、建設、改革事業，為中華民族發展壯大、促進祖國和平統一大業、增進中國人民同各國人民的友好合作作出了重要貢獻。

習近平總書記指出："人心向背、力量對比是決定黨和人民事業成敗的關鍵，是最大的政治。統戰工作的本質要求是大團結大聯合，解決的就是人心和力量問題。"這為我們從全局和戰略高度深刻認識加強新時代統一戰線思想政治工作的重要性和必要性提供了根本遵循。新的征程上，我們必須堅持大團結大聯合，加強思想政治引領，

最廣泛的愛國統一戰線

通力合作的友黨關係

中國共產黨是執政黨，各民主黨派是參政黨，二者是親密友黨

多黨合作的首要前提、根本保證

堅持中國共產黨領導

多黨合作的基本方針

長期共存、互相監督、肝膽相照、榮辱與共

多黨合作的根本活動原則

遵守憲法和法律

多黨合作的重要機構

中國人民政治協商會議

廣泛凝聚共識，把愛國統一戰線凝心聚力的重要法寶作用發揮好，為匯聚起全面建設社會主義現代化國家、實現中華民族偉大復興中國夢的磅礴力量作出新的貢獻。

十、堅持自我革命

勇於自我革命是中國共產黨區別於其他政黨的顯著標誌。自我革命精神是黨永葆青春活力的強大支撐。先進的馬克思主義政黨不是天生的，而是在不斷自我革命中淬煉而成的。黨歷經百年滄桑更加充滿活力，其奧秘就在於始終堅持真理、修正錯誤。黨的偉大不在於不犯錯誤，而在於從不諱疾忌醫，積極開展批評和自我批評，敢於直面問題，勇於自我革命。只要我們不斷清除一切損害黨的先進性和純潔性的因素，不斷清除一切侵蝕黨的健康肌體的病毒，就一定能夠確保黨不變質、不變色、不變味，確保黨在新時代堅持和發展中國特色社會主義的歷史進程中始終成為堅強領導核心。

勇於自我革命，是中國共產黨最鮮明的品格和最大的優勢。習近平總書記指出："在進行社會革命的同時不斷進行自我革命，是我們黨區別於其他政黨最顯著的標誌，也是我們黨不斷從勝利走向新的勝利的關鍵所在。"勇於自我革命，是中國共產黨百年風華正茂的強大支撐和力挽狂瀾於既倒的制勝密碼。

習近平總書記在十九屆中央政治局常委同中外記者見面時指出："實踐充分證明，中國共產黨能夠帶領人民進行偉大的社會革命，也能夠進行偉大的自我革命。"在百年非凡歷程中，我們黨一路風霜雪雨，歷經無數磨難、戰勝無數艱險，創造了彪炳史冊的輝煌業績，始終保持蓬勃生機和旺盛活力，根本在於我們黨具有徹底的自我革命精神。正如毛澤東同志形象地指出的："房子是應該經常打掃的，不打掃就會

中國共產黨區別於其他政黨的顯著標誌	熔鑄在中國共產黨人血脈裏的政治基因	中國共產黨最鮮明的品格和最大的優勢	中國共產黨不斷從勝利走向新的勝利的關鍵所在	中國共產黨永葆生機活力的動力源泉

積滿了灰塵；臉是應該經常洗的，不洗也就會灰塵滿面。我們同志的思想，我們黨的工作，也會沾染灰塵的，也應該打掃和洗滌。"勇於自我革命，是熔鑄在中國共產黨人血脈裏的政治基因。中國共產黨之所以能成為中國人民和中華民族的主心骨，根本原因在於我們黨始終保持了自我革命精神，一次次拿起手術刀來革除自身病灶，一次次靠自己解決了自身問題。只有不斷清除有損黨的先進性和純潔性的不良因素，才能確保黨不變質、不變色、不變味，使黨在新時代堅持和發展中國特色社會主義的歷史進程中始終成為堅強的領導核心。歷史不斷證明，勇於自我革命是我們黨永葆生機活力的動力源泉，是我們黨在挫折和失誤面前能夠力挽狂瀾、化險為夷、轉危為安的奧秘所在。

黨的十八大以來，以習近平同志為核心的黨中央推進全面從嚴治黨，體現著我們黨進行自我革命的堅定決心和堅強意志。加強紀律建設是全面從嚴治黨的治本之策。黨要管黨、從嚴治黨，就要靠嚴明紀律和規矩，推動黨員在思想上劃出紅線、在行為上明確界線。各地區各部門深入開展紀律教育，將紀律處分條例等黨內法規納入黨委（黨組）理論學習中心組學習內容和黨校課程，深入剖析幹部嚴重違紀違法的典型案例，發揮警示、震懾、教育作用，教育引導廣大黨員、幹部特別是領導幹部嚴格按黨章標準要求自己，使黨員、幹部增強紀律意識，把黨章黨規黨紀刻印在心上，知邊界、明底線，把他律要求轉化為內在追求，形成尊崇黨章、遵守黨紀的良好習慣。2018 年 7 月，中央政治局召開會議強調，要鞏固和發展執紀必嚴、違紀必究常態化成果，下大氣力建制度、立規矩、抓落實、重執行，讓制度"長牙"、紀律"帶電"，充分發揮紀律建設標本兼治的利器作用，使鐵的紀律真正轉化為黨員幹部的日常習慣和自覺遵循，推動全面從嚴治黨向縱深發展。

中國共產黨的百年奮鬥史，是一部勇於自我革命的歷史。黨強則國強，黨興則國興，黨治則國治。縱觀中國共產黨百年奮鬥史，每一個歷史緊要關頭，之所以能成為推動黨及其所領導的事業不斷前進的新起點、轉折點，正因為我們黨始終堅持自我革命的精神。從蘇區時期出台黨史上第一個反腐敗法令，到整風運動鞏固全黨團結統一；從新中國成立之初果斷處理腐敗分子劉青山、張子善，到撥亂反正、作出實行改革開放的歷史性決策；從馳而不息反"四風"，到不斷完善黨內監督體系，一代代中國共產黨人以自我革命的政治勇氣，堅決同一切弱化黨的先進性和純潔性、危害黨的肌體健康的現象作鬥爭，我們黨才能歷經百年而風華正茂、飽經磨難而生生不息。

要跳出歷史週期率，中國共產黨必須把自我革命推向深入，才能永葆黨的先進性和純潔性。"勝人者有力，自勝者強。"強大的政黨

權威聲音

習近平（中共中央總書記、國家主席、中央軍委主席）：我們黨的百年奮鬥史表明，偉大的馬克思主義政黨不是天生的，而是在長期社會實踐中鍛造而成的，是在不斷自我革命中淬煉而成的。我們黨的偉大不在於不犯錯誤，而在於從不諱疾忌醫，敢於直面問題，勇於自我革命。我們黨歷經百年滄桑依然風華正茂，其奧秘就在於具有自我淨化、自我完善、自我革新、自我提高的強大能力。

是在自我革命中鍛造出來的。習近平總書記指出："越是長期執政，越不能丟掉馬克思主義政黨的本色，越不能忘記黨的初心使命，越不能喪失自我革命精神。"新時代，形勢環境變化之快、改革發展穩定任務之重、矛盾風險挑戰之多、對我們黨治國理政考驗之大，前所未有。實現長期執政，持續推進自我革命，對於百年大黨來說越來越具有嚴峻性、艱巨性和迫切性。在這種情況下，"有沒有強烈的自我革命精神，有沒有自我淨化的過硬特質，能不能堅持不懈同自身存在的問題和錯誤作鬥爭，就成為決定黨興衰成敗的關鍵因素"。黨的十八大以來，以習近平同志為核心的黨中央以自我革命的精神推進全面從嚴治黨，不斷提高黨的執政能力和領導水平，不斷增強黨自我淨化、自我完善、自我革新、自我提高的能力，探索出一條長期執政條件下

100年來，黨以自我革命精神糾正錯誤、總結經驗、完善自身，不斷走向勝利的成功典範

八七會議	1927年，糾正了黨內的右傾錯誤，向土地革命轉變
古田會議	1929年，糾正了黨內的錯誤思想，確立政治建軍、思想建黨的原則
遵義會議	1935年，結束了"左"傾教條主義錯誤在黨內的統治，確立了以毛澤東同志為主要代表的馬克思主義正確路線
整風運動	1942年到1945年，破除了黨內把馬克思主義教條化、把共產國際決議和蘇聯經驗神聖化的錯誤傾向
黨的十一屆三中全會	1978年，全黨的工作重點從"以階級鬥爭為綱"轉到經濟建設上來，實行改革開放
黨的十八大以來	2012年，黨的十八大以來，以刮骨療毒的勇氣向黨內頑瘴痼疾開刀，以堅如磐石的意志正風肅紀反腐

解決自身問題、跳出歷史週期率的成功道路。這凝聚了幾代中國共產黨人的不懈奮鬥和孜孜求索。我們黨要跳出歷史週期率，關鍵是不能喪失自我革命精神，不斷把黨的自我革命推向深入，這樣才能永葆先進性和純潔性。

刀刃向內、自剜腐肉，以偉大自我革命引領偉大社會革命。我們黨開新局於偉大的社會革命，強體魄於偉大的自我革命，堅持以偉大自我革命引領偉大社會革命。新時代"兩個偉大革命"相互促進、相輔相成，有機統一於實現中華民族偉大復興的實踐中。我們黨作為世界第一大黨，處在執政地位、掌控執政資源，很容易在執政業績光環的照耀下，陷入"革別人命容易，革自己命難"的境地。習近平總書記強調："沒有什麼外力能夠打倒我們，能夠打倒我們的只有我們自己。前途命運都掌握在自己手上。"我們黨必須以自我革命的決心和意志打造和錘煉自己，保持永不自滿、永不懈怠的品格，不斷在革故鼎新、守正出新中實現自身跨越。

 權威評論

趙樂際（中共中央政治局常委、中央紀委書記）：黨的自我革命永遠在路上，要保持清醒頭腦，增強政治定力，準確把握新時代新階段的特徵和要求，敢於鬥爭、善於鬥爭，不斷清除一切損害黨的先進性和純潔性的因素，不斷清除一切侵蝕黨的健康肌體的病毒，確保黨不變質、不變色、不變味。要把嚴的主基調長期堅持下去，持之以恆正風肅紀反腐，保持對腐敗的壓倒性力量常在。要發揮全面從嚴治黨政治引領和政治保障作用，不斷提高黨把方向、謀大局、定政策、促改革的能力，不斷提高黨員幹部適應現代化建設履職盡責的能力，在新時代新征程上展現新氣象新作為。

自我革命，意味著刀刃向內、刮骨療毒。當前，黨面臨"四大考驗""四種危險"。黨內存在的思想不純、政治不純、組織不純、作風不純等突出問題尚未得到根本解決，一些老問題反彈回潮的因素依然存在，實踐中還出現了一些新情況新問題。對此，全黨要以自我革命的政治勇氣，著力解決黨自身存在的突出問題。習近平總書記強調："我們黨之所以有自我革命的勇氣，是因為我們黨除了國家、民族、人民的利益，沒有任何自己的特殊利益。"無私故而無畏。牢牢堅持立黨為公、執政為民，牢牢堅持為中國人民謀幸福、為中華民族謀復興，勇於自我革命，這正是我們黨贏得人心、永葆生機活力的關鍵所在。

第八講

新時代的中國共產黨

以史為鑒，開創未來。當今世界正經歷百年未有之大變局，我國正處於實現中華民族偉大復興關鍵時期。《決議》強調，全黨始終保持清醒和堅定，始終牢記、努力踐行中國共產黨人的初心和使命，勇於自我革命，抓好後繼有人這個根本大計。《決議》號召，全黨全軍全國各族人民要更加緊密地團結在以習近平同志為核心的黨中央周圍，全面貫徹習近平新時代中國特色社會主義思想，大力弘揚偉大建黨精神，以史為鑒、開創未來，埋頭苦幹、勇毅前行，為奪取新時代中國特色社會主義偉大勝利而努力奮鬥。

一、新時代黨的戰略安排

黨的十九大對實現第二個百年奮鬥目標作出分兩個階段推進的戰略安排。從 2020 年到 2035 年基本實現社會主義現代化，從 2035 年到本世紀中葉把我國建成社會主義現代化強國。

第一個階段，從 2020 年到 2035 年，在全面建成小康社會的基礎上，再奮鬥 15 年，基本實現社會主義現代化。到那時，我國經濟實力、科技實力將大幅躍升，躋身創新型國家前列；人民平等參與、平

"兩個階段"戰略安排

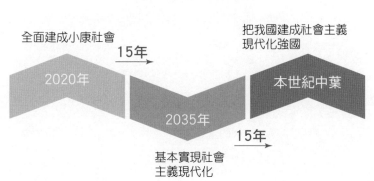

等發展權利得到充分保障，法治國家、法治政府、法治社會基本建成，各方面制度更加完善，國家治理體系和治理能力現代化基本實現；社會文明程度達到新的高度，國家文化軟實力顯著增強，中華文化影響更加廣泛深入；人民生活更為寬裕，中等收入群體比例明顯提高，城鄉區域發展差距和居民生活水平差距顯著縮小，基本公共服務均等化基本實現，全體人民共同富裕邁出堅實步伐；現代社會治理格局基本形成，社會充滿活力又和諧有序；生態環境根本好轉，美麗中國目標基本實現。

第二個階段，從 2035 年到本世紀中葉，在基本實現現代化的基

2035年基本實現社會主義現代化的遠景目標

 我國經濟實力、科技實力、綜合國力將大幅躍升，經濟總量和城鄉居民人均收入將再邁上新的大台階，關鍵核心技術實現重大突破，進入創新型國家前列

 基本實現新型工業化、信息化、城鎮化、農業現代化，建成現代化經濟體系

 基本實現國家治理體系和治理能力現代化，人民平等參與、平等發展權利得到充分保障，基本建成法治國家、法治政府、法治社會

 建成文化強國、教育強國、人才強國、體育強國、健康中國，國民素質和社會文明程度達到新高度，國家文化軟實力顯著增強

 廣泛形成綠色生產生活方式，碳排放達峰後穩中有降，生態環境根本好轉，美麗中國建設目標基本實現

 形成對外開放新格局，參與國際經濟合作和競爭新優勢明顯增強

 人均國內生產總值達到中等發達國家水平，中等收入群體顯著擴大，基本公共服務實現均等化，城鄉區域發展差距和居民生活水平差距顯著縮小

 平安中國建設達到更高水平，基本實現國防和軍隊現代化

 人民生活更加美好，人的全面發展、全體人民共同富裕取得更為明顯的實質性進展

胡敏〔中共中央黨校（國家行政學院）研究員、中共中央黨校報刊社社長〕：從經濟的邏輯看，根據歐美工業化國家發展歷程和演變規律，10 到 15 年一般構成一個中短期經濟週期，這樣一個時間段足夠產業企業完成技術升級和組織革新，進而推動生產力水平上一個新台階並帶來相應的社會變革。從發展的邏輯看，在 2020 年全面建成小康社會後，再經過 15 年，即使經濟增速按 5% 測算，到 2035 年我們也可基本達到目前中上等發達國家水平。按照這一趨勢，再經過第二個 15 年到本世紀中葉，我國綜合國力和社會發展將位居世界現代化強國之列。

礎上，再奮鬥 15 年，把我國建成富強民主文明和諧美麗的社會主義現代化強國。到那時，我國物質文明、政治文明、精神文明、社會文明、生態文明將全面提升，實現國家治理體系和治理能力現代化，成為綜合國力和國際影響力領先的國家，全體人民共同富裕基本實現，我國人民將享有更加幸福安康的生活，中華民族將以更加昂揚的姿態屹立於世界民族之林。

二、新時代對全黨的基本要求

進入新時代，我國發展仍處於可以大有作為的重要戰略機遇期，但機遇和挑戰都有新的發展變化。一方面，我國經濟發展進入新常態，經濟發展方式轉變加快，新的增長動力正在孕育形成，經濟長期向好基本面沒有改變，但發展不平衡、不協調、不可持續問題仍然突出，主要是創新能力不適應高質量發展要求，農業基礎還不穩固，城鄉區域發展和收入分配差距較大，生態環保任重道遠，等等。另一方面，受新冠肺炎疫情的衝擊，國際環境更趨嚴峻複雜，全球經濟貿易增長乏力，保護主義抬頭，地緣政治關係複雜變化，傳統安全威脅和非傳統安全威脅交織，外部環境不穩定不確定因素增多，統籌國內國際兩個大局，積極應對外部環境變化，為我國發展創造更好環境，難度明顯加大。新時代對全黨提出了更高要求。

今天，我們比歷史上任何時期都更接近、更有信心和能力實現中華民族偉大復興的目標。同時，全黨必須清醒認識到，中華民族偉大復興絕不是輕輕鬆鬆、敲鑼打鼓就能實現的，前進道路上仍然存在可以預料和難以預料的各種風險挑戰；必須清醒認識到，我國仍處於並將長期處於社會主義初級階段，我國仍然是世界最大的發展中國家，社會主要矛盾是人民日益增長的美好生活需要和不平衡不充分的發展之間的矛盾。全黨要牢記中國共產黨是什麼、要幹什麼這個根本問題，把握歷史發展大勢，堅定理想信念，牢記初心使命，始終謙虛謹

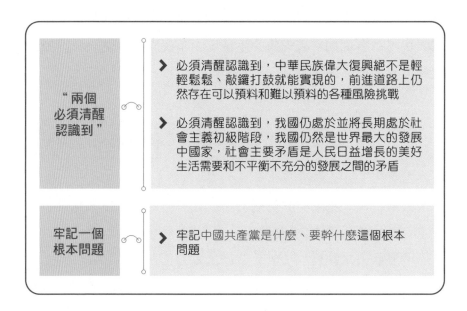

慎、不驕不躁、艱苦奮鬥，從偉大勝利中激發奮進力量，從彎路挫折中吸取歷史教訓，不為任何風險所懼，不為任何干擾所惑，決不在根本性問題上出現顛覆性錯誤，以咬定青山不放鬆的執著奮力實現既定目標，以行百里者半九十的清醒不懈推進中華民族偉大復興。

經過新中國 70 多年特別是改革開放 40 多年的發展，實現中華民族偉大復興，我們有了更為堅實的物質基礎。我國經濟實力、科技實力、綜合國力躍上新台階，成為並穩居世界第二大經濟體、第一大工業國、第一大貨物貿易國、第一大外匯儲備國，國內生產總值突破 100 萬億元大關，人均國內生產總值連續兩年（2019 年、2020 年）超過 1 萬美元。特別是全面建成了小康社會，歷史性地解決了絕對貧困問題，實現中華民族偉大復興進入了不可逆轉的歷史進程。

全黨必須堅持馬克思列寧主義、毛澤東思想、鄧小平理論、"三個代表" 重要思想、科學發展觀，全面貫徹習近平新時代中國特色社會主義思想，用馬克思主義的立場、觀點、方法觀察時代、把握時代、引領時代，不斷深化對共產黨執政規律、社會主義建設規律、人類社會發展規律的認識。必須堅持黨的基本理論、基本路線、基本方略，增強 "四個意識"，堅定 "四個自信"，做到 "兩個維護"，堅持系統觀念，統籌推進 "五位一體" 總體佈局，協調推進 "四個全面" 戰略佈局，立足新發展階段、貫徹新發展理念、構建新發展格局、推動高質量發展，全面深化改革開放，促進共同富裕，推進科技自立自強，發展全過程人民民主，保證人民當家作主，堅持全面依法治國，堅持社會主義核心價值體系，堅持在發展中保障和改善民生，堅持人與自然和諧共生，統籌發展和安全，加快國防和軍隊現代化，協同推進人民富裕、國家強盛、中國美麗。

習近平總書記指出："共同富裕是社會主義的本質要求，是中國式現代化的重要特徵。" 促進共同富裕，總的思路是，堅持以人民為中心的發展思想，在高質量發展中促進共同富裕，正確處理效率和公平的關係，構建初次分配、再分配、三次分配協調配套的基礎性制度安排，加大稅收、社保、轉移支付等調節力度並提高精準性，擴大中等收入群體比重，增加低收入群體收入，合理調節高收入，取締非法收入，形成中間大、兩頭小的橄欖型分配結構，促進社會公平正義，促進人的全面發展，使全體人民朝著共同富裕目標紮實邁進。因此，要提高發展的平衡性、協調性、包容性；著力擴大中等收入群體規模；促進基本公共服務均等化；加強對高收入的規範和調節；促進人民精神生活共同富裕；促進農民農村共同富裕。

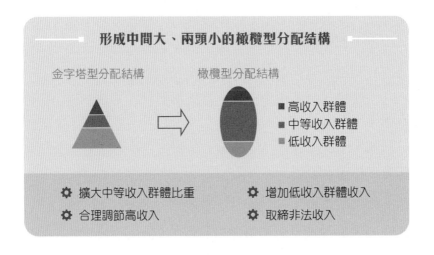

全黨必須永遠保持同人民群眾的血肉聯繫，站穩人民立場，堅持人民主體地位，尊重人民首創精神，踐行以人民為中心的發展思想，維護社會公平正義，著力解決發展不平衡不充分問題和人民群眾急難愁盼問題，不斷實現好、維護好、發展好最廣大人民根本利益，團結帶領全國各族人民不斷為美好生活而奮鬥。

人民群眾急難愁盼問題，是發展不平衡不充分問題在人民群眾生產生活中現實的、突出的表現，主要集中在收入分配、就業、教育、社會保障、醫療衛生、住房保障等方面。解決人民群眾急難愁盼問題黨的十九大把"堅持以人民為中心"的發展思想確立為新時代堅持和發展中國特色社會主義的基本方略之一。以人民為中心的發展思想，把增進人民福祉、促進人的全面發展作為發展的出發點和落腳點，強調發展為了人民、發展依靠人民、發展成果由人民共享。以人民為中心的發展思想解決了發展為了什麼人、由誰享有發展成果這一根本問題，彰顯了人民至上的價值取向。堅持以人民為中心的發展思想，體現了我們黨全心全意為人民服務的根本宗旨，體現了人民是推動歷史發展根本力量的唯物史觀，體現了實現共同富裕的本質要求。

是各級黨委、政府的政治責任。要抓住人民群眾最關心最直接最現實的利益問題，一件事情接著一件事情辦，一年接著一年幹，在幼有所育、學有所教、勞有所得、病有所醫、老有所養、住有所居、弱有所扶上不斷取得新進展，不斷增強人民群眾的獲得感、幸福感、安全感。

　　全黨必須銘記生於憂患、死於安樂，常懷遠慮、居安思危，繼續推進新時代黨的建設新的偉大工程，堅持全面從嚴治黨，堅定不移推進黨風廉政建設和反腐敗鬥爭，勇敢面對黨面臨的長期執政考驗、改革開放考驗、市場經濟考驗、外部環境考驗，堅決戰勝精神懈怠的危險、能力不足的危險、脫離群眾的危險、消極腐敗的危險。必須保持越是艱險越向前的英雄氣概，敢於鬥爭、善於鬥爭，逢山開道、遇水架橋，做到難不住、壓不垮，推動中國特色社會主義事業航船劈波斬浪、一往無前。

三、培養造就堪當時代重任的接班人

黨和人民事業發展需要一代代中國共產黨人接續奮鬥，必須抓好後繼有人這個根本大計。要堅持用習近平新時代中國特色社會主義思想教育人，用黨的理想信念凝聚人，用社會主義核心價值觀培育人，用中華民族偉大復興歷史使命激勵人，培養造就大批堪當時代重任的接班人。要源源不斷培養選拔德才兼備、忠誠乾淨擔當的高素質專業化幹部特別是優秀年輕幹部，教育引導廣大黨員、幹部自覺做習近平新時代中國特色社會主義思想的堅定信仰者和忠實實踐者，牢記空談誤國、實幹興邦的道理，樹立不負人民的家國情懷、追求崇高的思想境界、增強過硬的擔當本領。要源源不斷把各方面先進分子特別是優秀青年吸收到黨內來，教育引導青年黨員永遠以黨的旗幟為旗幟、以黨的方向為方向、以黨的意志為意志，賡續黨的紅色血脈，弘揚黨的優良傳統，在鬥爭中經風雨、見世面、壯筋骨、長才幹。要源源不斷培養造就愛國奉獻、勇於創新的優秀人才，真心愛才、悉心育才、精

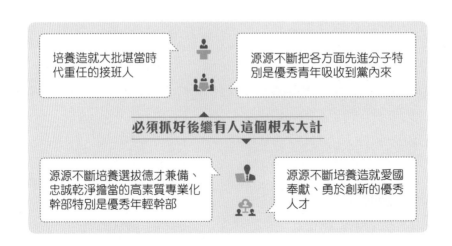

心用才，把各方面優秀人才集聚到黨和人民的偉大奮鬥中來。

年輕幹部是黨的事業的未來和希望，源源不斷培養大批優秀年輕幹部是關係黨和國家事業的根本大計。要把培養年輕人才和年輕幹部放在更加突出的位置。堅持實踐第一，堅持把基層作為培養鍛煉人才和幹部的基礎陣地，建立來自基層一線的黨政領導幹部選拔鏈，使基層成為提升素質的好課堂、磨煉意志的大考場、歷練能力的主戰場。使用是最好的培養。對有潛力、有發展前途的年輕人才和年輕幹部，敢於給他們壓擔子，有計劃地安排他們到艱苦地區、複雜環境、關鍵崗位砥礪品質、錘煉作風、增長才幹。強調要培養、使用年輕人才和年輕幹部，但這絕不意味著照顧、拔苗助長。對年輕幹部中確有真才實學、成熟較早的，也要敢於大膽破格使用，不能縮手縮腳。但破格不能“出格”，決不能把那些不具備條件的年輕幹部過早地使用上來，更不能借破格提拔之名行以權謀私之實。

黨中央號召，全黨全軍全國各族人民要更加緊密地團結在以習近平同志為核心的黨中央周圍，全面貫徹習近平新時代中國特色社會主義思想，大力弘揚偉大建黨精神，勿忘昨天的苦難輝煌，無愧今天的使命擔當，不負明天的偉大夢想，以史為鑒、開創未來，埋頭苦幹、勇

吸收各方面先進分子特別是優秀青年到黨內來

教育引導青年黨員
以黨的旗幟為旗幟
以黨的方向為方向
以黨的意志為意志

賡續黨的紅色血脈，弘揚黨的優良傳統，在鬥爭中經風雨、見世面、壯筋骨、長才幹

毅前行，為實現第二個百年奮鬥目標、實現中華民族偉大復興的中國夢而不懈奮鬥。我們堅信，在過去 100 年贏得了偉大勝利和榮光的中國共產黨和中國人民，必將在新時代新征程上贏得更加偉大的勝利和榮光！

後 記

　　為了幫助廣大黨員幹部深入學習貫徹黨的十九屆六中全會精神，我們組織相關專家、學者編寫了本書，並邀請天津大學馬克思主義學院院長顏曉峰、中共中央黨史和文獻研究院第四研究部主任張神根和中共中央黨校（國家行政學院）教授洪向華審讀統稿，在此一併表示感謝！

　　不妥之處，敬請讀者批評指正。

編者

2021 年 12 月

書　　名　**圖解十九屆六中全會精神**

編　　著　《圖解十九屆六中全會精神》編寫組

出　　版　三聯書店（香港）有限公司

　　　　　香港北角英皇道 499 號北角工業大廈 20 樓

　　　　　Joint Publishing (H.K.) Co., Ltd.

　　　　　20/F., North Point Industrial Building,

　　　　　499 King's Road, North Point, Hong Kong

香港發行　香港聯合書刊物流有限公司

　　　　　香港新界荃灣德士古道 220-248 號 16 樓

印　　刷　美雅印刷製本有限公司

　　　　　香港九龍觀塘榮業街 6 號 4 樓 A 室

版　　次　2022 年 1 月香港第一版第一次印刷

規　　格　16 開（170 mm × 240 mm）240 面

國際書號　ISBN 978-962-04-4919-2

　　　　　Published & Printed in Hong Kong

本書由人民出版社授權出版，僅限中國大陸以外地區銷售